旅行邂逅文艺范儿
文艺餐厅

《旅游圣经》编辑部 著

北京出版集团公司
北京美术摄影出版社

图书在版编目（CIP）数据

旅行邂逅文艺范儿. 文艺餐厅 / 《旅游圣经》编辑
部著. — 北京 ：北京美术摄影出版社，2017.7
ISBN 978-7-80501-998-7

Ⅰ. ①旅… Ⅱ. ①旅… Ⅲ. ①旅游指南—中国②餐馆
—介绍—中国 Ⅳ. ①K928.9②F719.3

中国版本图书馆CIP数据核字(2017)第022805号

责任编辑：董维东
特约编辑：王　华
助理编辑：杨　洁
责任印制：彭军芳

旅行邂逅文艺范儿　文艺餐厅
LÜXING XIEHOU WENYI FANR　WENYI CANTING
《旅游圣经》编辑部　著

出　版	北京出版集团公司
	北京美术摄影出版社
地　址	北京北三环中路6号
邮　编	100120
网　址	www.bph.com.cn
总发行	北京出版集团公司
发　行	京版北美（北京）文化艺术传媒有限公司
经　销	新华书店
印　刷	北京方嘉彩色印刷有限责任公司
版印次	2017年7月第1版第1次印刷
开　本	700毫米×1000毫米　1/16
印　张	16.5
字　数	185千字
书　号	ISBN 978-7-80501-998-7
定　价	69.00元

如有印装质量问题，由本社负责调换
质量监督电话　010-58572393

《旅游圣经》编辑部

王睿颖 90后旅行作家，曾于拉萨、成都、德国等地旅居写作，用温暖的笔触记录了旅途中一座座城市对人的关怀。著有《老西安新西安》等书。负责撰写本书的南京、苏州、西安部分。

胡海燕 中文系毕业，出生在西北，成长在南京，生活在广州，从事过媒体、广告行业。性情淡泊、闲散，追求随性自在，喜欢闲云野鹤一般的生活。著有《最美云南》《最美福建》等书。负责撰写本书的广州、深圳部分。

小 爱 80后天蝎女。资深背包客，热爱独自旅行；资深美食达人，擅长寻觅各地美食。爱文艺、爱小清新式生活方式，开过咖啡厅和瑜伽馆，闲来无事进行网络文学创作，收获粉丝若干。负责撰写本书的厦门、大理部分。

王 蘅 热爱行走的天秤座女子，喜欢路上的风景，更爱有故事的旅行。期待未曾走过的路、没有看过的风景，遇见不一样的自己和世界。著有《恋恋四川》《最美西藏》等书。负责撰写本书的成都部分。

仇潇潇 生长于粗犷的北方小城，却有着南方女孩的细腻情感。工作中，她是专注于excel表格、寻找数据漏洞的理性审计师；生活里，却是流连于书店、花店、咖啡馆的感性文艺女青年。负责撰写本书的北京部分。

章芝君 环球旅行背包客，杭州80后女设计师，热爱古琴、绘画、写作和摄影。著有《阳光下的清走》一书。负责撰写本书的杭州部分。

写在前面的话

海德格尔曾说过"诗意地栖居在大地上",海子向往"面朝大海,春暖花开"。这是很多文艺青年的生活理想。但在工业文明和信息技术飞速发展的今天,人们的生活日渐刻板化和碎片化,节奏越来越快,压力越来越大,环境越来越恶劣。也许,唯有生活的艺术化和诗意化能够抵御这一切,就像高晓松说的"生活不止眼前的苟且,还有诗和远方"。

那么,我们就出发吧,去寻找"诗和远方",寻找理想的文艺生活,寻找那些如珍珠般散落在大地上的文艺客栈、餐厅、咖啡馆、书店、小店和街区。

为此,《旅游圣经》编辑部派出六位颇具文艺气质的女性作者,分赴极具文艺范儿的北京、南京、苏州、杭州、成都、广州、深圳、厦门、大理、西安十座城市,实地探访文艺客栈、餐厅、咖啡馆、书店、小店和街区。她们在每座城市都选取最有代表性的地方进行了深入了解,每家客栈都试住过,每家餐厅和咖啡馆都品尝过,每家书店、小店和街区都细致考察过,最终,为读者奉献上了这套"旅行邂逅文艺范儿"。

在这套书中,文艺范儿无处不在。何谓文艺范儿,大概有以下几个特点:

设计性。有文艺,有气质,有腔调。无论中国风、北欧风还是复古风、工业风,都充满了设计感。

生活美学。仅有文艺是不够的,还要与生活结合,这才有了客栈、餐厅、书店、咖啡馆、小店、街区等。它们的主人不仅仅是老板,更多的是"生活家"、艺术家,将自己的生活美学融入店里,与客人分享。

独立性。不混同于大众,有鲜明的个性化风格。只有拥有独立的个性,才能有"范儿",这种风格其实就是主人的性格。你住进这些客栈,去这些咖啡馆喝杯咖啡,去这些书店选本书,也许能和主人聊聊天,发现另一种理想生活。

希望亲爱的读者能在这套书的陪伴下,在旅行中找到自己的诗意生活。

《旅游圣经》主编　桑　磊

目　录

001　北京

四季民福（故宫店）——传统京味的时尚范儿　　002

猜火车电影主题餐厅——白盒子的文艺范儿　　009

印巷小馆（南锣鼓巷店）——新派京菜，深巷美味　　014

021　南京

从你的全世界路过——留下了记忆的全部　　022

很高兴遇见你——韩先生的美食人生　　027

马铃薯西餐厅——花园里的美丽邂逅　　032

039　苏州

阿木春记——美食，大隐于市　　040

上下若——苏式园林里的盛筵　　044

巷子里的阳光——巷子里的美好时光　　049

055 杭州

绿茶餐厅——寻找那一座绿岛 056
朴墅餐厅——朴素杭州味 062
热意餐厅——青芝坞遇见地中海 068
旅马餐厅——追风景的人 073

079 成都

纯银净地音乐主题餐厅——喝一口浓烈的酒,
听一首民谣低唱 080
青梅巷——邂逅民国温婉时光 086
园里火锅——闲坐清幽园林,优雅烫起火锅 091
远山炭火火锅——来自大凉山的生态美味 098

105 广州

麻花小院——都市里的柔软时光 106
秘密旅行餐厅——梦想小屋里的甜蜜之约 113
Wilber's——小巷红楼里的顶级西餐厅 120
7号主场——私人订制的奢华情调 127

135 深圳

探鱼——一条烤鱼的文艺时代 136
深湖记——有趣的全天候新派潮汕餐厅 142
胡桃里——深圳著名音乐餐厅 149
青朴落——华侨城里的私家藏馆 155

161 厦门

闽厦渔28号美式餐吧——工业化文艺复兴 162

旧浬1958——时光的记录者 168

挑食｜海鲜餐厅——生活中的艺术 174

捞海坞——小巷深处有人家 178

183 大理

翠田西餐厅——田野深处有人家 184

点心园海景餐厅——蓝色街灯下的幻境 191

樱花园西餐厅——Hi，Jack！ 196

向月球飞去餐厅—— 一整天的清晨 202

秋日便当——记忆深处的食物 206

213 西安

1/2创意空间——钢铁文化创意餐厅 214

花里——花里花香满庭芳 221

先生的院子3507——停驻的沙时计 227

烛影拾光——15楼的烛影晃动了时光 232

Need Coffee艺术餐厅——打翻莫奈的调色盘 238

雀笙Queen Sir——波普皇后的午餐 242

亚洲吃面公司——油泼面，洋气到没朋友 246

北京

四季民福（故宫店）——传统京味的时尚范儿

猜火车电影主题餐厅——白盒子的文艺范儿

印巷小馆（南锣鼓巷店）——新派京菜，深巷美味

四季民福（故宫店）
——传统京味的时尚范儿

时近黄昏，你悠然坐在四季民福故宫店二楼的景观位，一边品尝地道的北京烤鸭和北京小吃，一边透过落地玻璃窗欣赏夕阳从东华门楼上缓缓落下，把护城河的一池碧水染成金色。此时你就会明白，为什么不到六点外面就有几十位客人排队等位了。面对美景配佳肴和因此而生的满满幸福感，还有什么能比这更惬意的呢？

餐厅特色

- 烤鸭味道在京城首屈一指
- 领略传统北京菜的时尚范儿
- 各类小吃品质上乘
- 拥有临窗眺望东华门护城河的优越观景位

很传统，却也改良创新

说起烤鸭，很多人对传统烤鸭店的印象往往就是中式桌椅配高高挂起的大红灯笼，仿佛这样的风格才能匹配老北京的传统风味，家常菜品牌也往往以量大、实惠、菜品多为特点，四季民福也曾是这样一个"老馆子"。从2007年创立至今，定位于传统京味菜，主营北京菜和烤鸭，四季民福一直给人以踏实、亲民的感觉。

然而，四季民福并不仅囿于传统和家常，这些年来，它一直追求"精品"二字，在寻常之中寻求创新，成功从家常菜华丽转身为既传统又富有创意的改良京味餐厅。

作为四季民福多家分店中的翘楚，故宫店因其独特的地理位置而更受人们青睐。它坐落于人来人往的南池子大街，仅仅从其简单的门面完全无法想象内里之乾坤。穿过略

临水而居的四季民福

四季民福夜景

1	2
3	4

1. 师傅站在桌旁将肥美的烤鸭切片
2. 片好的烤鸭色泽剔透
3. 美味的蜜汁酥皮虾
4. 精致的小吃拼盘

微狭小的门廊，走进别有洞天的世界。一楼大厅有面向护城河的露台，二楼则为阁楼式尖顶设计，简洁明亮的明黄色吊灯组渲染出时尚的氛围，既有创意的沙发座，也有传统的大圆桌，不过最为抢手的还是可临窗眺望故宫东华门的观景位。透过落地大玻璃窗，皇城一角的景观一览无余，阳光灿烂的时候，东华门和护城河的一池碧水，在蓝天映衬下美得让人浮想联翩。

当然，要想美美地坐在这个景观位置还需要提前占位，但因生意太过火爆，最好提前订位或稍微错过饭点再来，否则常常人满为患。好在餐厅很贴心地为等位食客准备了不少东西以供消遣，除了黄瓜、果丹皮、瓜子、膨化食品等休闲小食，还有凉茶、橙汁、柠檬水供自助取用，甚至还有五子棋和秘密花园的填色游戏，并提供水彩笔和彩铅。就这样一边吃着，一边聊着，或者涂涂画画，等位的无聊时光不知不觉悄悄过去了。

环境好，更以味道取胜

这样环境和格调俱佳的餐厅，其口味却并没因为是景观餐厅而有丝毫缩水。店家坚持从食材选择上体现原生态和原产地，使用时令水果和应季蔬菜，坚决不使用转基因产

1. 传统小吃麻豆腐
2. 喝一口豆汁儿，咬一口焦圈，再来一口咸菜，绝配
3. 传统小吃遇上全新创意——芒果三文鱼炸咯吱盒

品，烹调时也把握低油少盐的原则，拒绝使用味精和色素。

点好菜后，服务员很快就会端来柠檬水和开胃时令水果，六七月份恰好是荔枝上市的季节，加上干冰烟雾缭绕，看上去颜值颇高，顿时令人胃口大开。

酥香嫩烤鸭是店里的当家菜品。餐厅精选北京填鸭，采用传统挂炉用果木进行烘烤，肉质鲜嫩酥香。不过，来这儿吃烤鸭也得有一定耐心，因为店里的烤鸭分时段出炉。其实喜好烤鸭的食客都知道，要是烤鸭上得太快，八成是之前烤出来放在那里然后再加热的。烤炉就在大厅，客人可以近距离观看烤鸭制作过程。对于常吃烤鸭的老饕来说，他们不用下筷仅看外表就能估计出味道如何，然后再看片鸭子的师傅用刀，就能进一步确认味道，通常都会八九不离十。师傅会在烤鸭出炉后拿到座位附近当场片片，那体态丰腴、油汪汪、红亮亮的整只烤鸭就躺在你桌边的小推车上，色泽剔透，香气四溢，让人忍不住垂涎欲滴。

四季民福的烤鸭酱料十分丰富，甜味包含山楂、白糖，咸味有黄瓜、葱白、蒜泥等。烤鸭皮酥肉嫩，用鸭皮蘸上星星点点的白砂糖，入口一抿，酥脆香甜，满嘴流油，却全然不腻。真的有入嘴即化的感觉，甚至不敢太过用劲，仿佛用力太多就会连味道还没尝到就已入肚，那种感觉真是说不出的美妙，让人意犹未尽。

除了烤鸭，店里的京味儿菜肴和小吃品种也很丰富，口味也非常地道。蜜汁酥皮虾

简洁明亮的尖顶阁楼设计和吊灯渲染着时尚氛围

皮酥肉嫩，外面包裹的蜜汁恰到好处；贝勒爷烤肉为羊肉配了芹菜和洋葱，口感香嫩清爽；老北京小点心拼盘值得品尝，艾窝窝、驴打滚、芸豆糕、栗子糕、豌豆黄都是地道的老北京味道；炸酱面酱料十足，味道也很地道。

　　四季民福是一家从环境到菜品都具有时尚创意范儿的传统餐厅，老北京，新格调，在这里实现了完美融合。

餐厅资讯

- 地　　址：北京市东城区南池子大街11号故宫东门旁
- 电　　话：010-65267369
- 人均消费：135元
- 特色推荐：特选酥香嫩烤鸭、老北京小点心拼盘、贝勒爷烤肉、蜜汁酥皮虾、老北京炸酱面

步入方家胡同46号院，会看到一座白色建筑，形似方正的白色盒子，那里便是猜火车电影主题餐厅。"热爱文化的人们必定热爱美食，热爱美食的人们必定热爱生活"。文化与美食，在这里交融，为食客营造了难以忘怀的绝妙体验。

猜火车电影主题餐厅
——白盒子的文艺范儿

餐厅特色

- ◎ 云贵风味菜系，经典又富有创意
- ◎ 不定期举办文化沙龙与讲座
- ◎ 夏日傍晚可观看露天电影
- ◎ 可举办文艺气息十足的露天婚礼

文化、美食与生活

"热爱文化的人们必定热爱美食，热爱美食的人们必定热爱生活。"

这是46号院内一家主打云贵菜系、名为"猜火车"的电影文化主题餐厅所倡导的理念。文化、美食、生活，三者息息相关，文化为魂，美食待客，二者交汇，光临的客人体会到的是一种惬意的生活状态，此种感受非购物中心内的餐馆所能营造的。

餐厅位于旧厂区中央，前厅的建筑外形犹如一个悬浮在草坪之上的白色盒子，与后面原机床厂的老仓库在形式与年代上形成了强烈的反差，一棵挺拔的松树被和谐地包裹在白盒子中间，现代建筑与自然环境的有机结合体现出了设计师的独到用心。

白盒子前是一片翠绿的草坪，店内有时会承办户外婚礼，新人在此携手人生，走向幸福，演绎着属于他们的爱情故事。西面是经厂区礼堂改造而成的形似红宝石般的尚剧

爬满藤蔓的砖墙和贯穿其中的老树是最好的背景墙，新人们走过餐厅前的草坪，步入幸福的殿堂

隔壁厂房的爬墙虎，无论是春夏的翠绿，还是秋天的火红，都是婚礼的最佳背景

场，北面是哥伦比亚大学北京建筑中心，南面是一面巨大的LED电子屏，夏日晚间，餐厅会在屏幕上播放电影。不同的文化在此交相辉映，赋予了这个老厂区鲜活的生命力。

　　餐厅以云贵菜为主，融入了一些东南亚料理的思路与手法，菜品精致有型、味道独特。

高速行驶，缓慢生活

　　2008年至今，猜火车电影主题餐厅已走过七年时光，说起店名的来历，很多热爱电影的人可能会想到那部青春叛逆的同名电影，但从这家店文化艺术的氛围中，又难寻那种极端的疯狂。其实，在飞驰的青春岁月里，每个人都曾叛逆过、疯狂过，紧张而刺激的岁月淡去，更需在往后的生活中放慢脚步，感受隐匿在生活细节中的小美好，一如店内小册子中的一行文字——"高速行驶，缓慢生活"。

　　猜火车不仅是一家餐厅，更是一家文化沙龙。自开业之日起，几百场大大小小的电影主题沙龙、观影会在此举行，光影汇聚，思想交织碰撞。除此之外，更有诗歌、戏剧、音乐、建筑等多种文化形式的交流活动。盛夏时节，店外草坪旁的LED电子屏常有

1 | 2　　1. 在这里再遇离开云南后让我魂牵梦绕的"腾冲大救驾"
　　　　2. 店里自酿的梅子酒，晶莹剔透，有点度数，酒量小的姑娘切勿贪杯哦

精选的影片放映，与亲朋好友相聚于此，品味美食，欣赏电影，也是种难得的体验了。

　　猜火车最开始是一家开在望京的酒吧，后来搬入方家胡同，变的是店址，始终不变的，是对文化的发掘传播。店主老贺曾说过，文化是这里的灵魂，而餐厅只是一种载体。放眼当代，众多餐厅、咖啡厅、酒吧为了定位独特去谋求特色方向，而猜火车却反其道而行，因而显得更为纯粹如一。

　　端坐其中，浓厚的文化氛围，精致的菜肴，人们于其间来来往往，品味着文化、美食与生活的美好，体验着先锋艺术带来的震动。一街之隔的国子监透露出浓厚的国学传统，胡同里的老北京居民依旧承袭着京派的生活方式，多元文化在这里碰撞、交融，展现着老北京的新风貌。

餐厅资讯

- 地　　址：北京市东城区安定门方家胡同46号院内
- 电　　话：010-64060658
- 人均消费：90元
- 特色推荐：酸菜炒汤圆、椒香野生菌、薄荷牛肉卷

印巷小馆（南锣鼓巷店）

——新派京菜，深巷美味

熟悉南锣鼓巷的人会发现，这里存在一种"你方唱罢我登场"的现象，越是位置显眼的地方，店面换得越勤。一家店若没有故事与特色，很难在此开山立派，更甭提名震江湖。如果把南锣鼓巷视为各派美食的"武林大会"，印巷小馆绝对可以作为京派美食的代表前去与众门派高手一决高下了。

餐厅特色

◎ 老菜新做，不一般的新派京菜

◎ 深藏胡同中的院落小馆

◎ 传承祖上手艺，八旗王府的味道

印巷京派私房菜

印巷小馆，胡同里的新派北京私房菜。之所以取名印巷，还要说起一个小故事。"印"即"尹"，取自老板的姓氏；"巷"字是音，老板祖上的买卖也是开在胡同里，有缅怀先祖之意。据说尹家祖上曾在王府大院外的胡同开过馆子，王府里的厨子有时会前来指点一二，常年的交流切磋，使得尹家留下了一些经典的老北京味道，也算是一笔文化财富。几年前，尹家后人重操祖上旧业，于鼓楼一带开了第一家店，虽门脸不大，但以其精致的菜品、实惠的价格，没几个月生意就火了。

在品尝过他家的菜肴后，食客们对于店名会有另一种理解，"印巷"即"印象"，味道出众，自然印象深刻。

夜晚的印巷小馆

店外胡同里被爬墙虎盖满的老建筑旁边，蔷薇的盛放宣告着夏天的到来

京菜新做，青出于蓝

　　既然是新派北京私房菜，总要有些创新和传承发扬的东西，既要让食客觉得与众不同，又能勾起一些怀旧情怀来，如此方能青出于蓝。

印巷手工豆腐，用料上将鸡蛋、蔬菜融于豆腐中，使豆腐更加滑嫩。下锅炸至色泽金黄，浇上料汁，夹块豆腐入口，从触碰到舌尖至咬开豆腐外皮的过程，大致有三种感受：料汁酸甜可口，豆腐外酥里嫩，蛋香浓郁。

焦熘丸子是一道传统北京菜。小时候家里买回来的炸素丸子，放凉后没了一开始的

夜晚的店外，大红灯笼高高挂

店内屏风处的一口石缸，颇有老北京
深宅大院的气派

脆劲儿，长辈会调个汁，把丸子再下锅。而印巷小馆这道菜的亮点就在于料汁，酸酸甜甜恰到好处，仿佛儿时某年冬天老爸做饭发挥超常那次的味道。印巷小馆的焦熘丸子配上白菜，口感好似醋熘白菜一般，而冬储大白菜在物资稀缺的年代，确实是老北京人冬季饮食不可或缺的食材，一道菜里，满满都是年代感的回忆。

饭后甜点可以来份印巷红盖或者水果酸奶捞。印巷红盖造型喜人，奶香浓郁，口感醇厚嫩滑，也是店里食客必点的一道甜品。而水果酸奶捞的吃法就更特别了，刚端上来时看上去并无太多特色，冻成冰的酸奶上，撒着果酱与各种水果，稍怕凉的人还会有些不知如何下口，稍稍把它放

1. 一道水果酸奶捞，融化后不经意间吃出了别样风味
2. 融合南北技艺的印象烤鸭，借鉴了广式烧鸭的方式，油而不腻，外焦里嫩
3. 老北京家常菜——焦熘丸子，店里也是做出了青出于蓝的味道
4. 招牌菜式——印巷手工豆腐

在一旁，直至其化为一盘酸奶，喝一口伴着果酱与各种水果的酸奶，竟有一种意外之喜，也难怪其曾作为宫廷消暑凉品深得后宫佳丽的喜爱了。

印巷小馆如今在北京已有多家门店，也早已从胡同里走出，开进了购物中心。但要论最符合"印巷"二字的，还要属南锣鼓巷这家店。大红宫灯点起，雕花的门楣、木质的窗棂，似已穿越到百年前的老北京一般。

餐厅资讯

■ 地　　址：北京市东城区南锣鼓巷菊儿胡同105号
■ 电　　话：010-84084588
■ 人均消费：80元
■ 特色推荐：印巷手工豆腐、印巷红盖、焦熘丸子

南京

从你的全世界路过——留下了记忆的全部

很高兴遇见你——韩先生的美食人生

马铃薯西餐厅——花园里的美丽邂逅

从你的全世界路过
——留下了记忆的全部

毕业于南京大学的作家张嘉佳，在南京开了一间餐厅——从你的全世界路过。拥有这个名字的，不只是他的餐厅，还有他的书。张嘉佳是个文字温柔的人，他的故事也如同寒夜里一捧暖心的炭火。这家餐厅或许便是书里故事的重现，用一种舒缓的方式，让那些情结与感情，悄然浮现在人们的眼前。

餐厅特色

◎ 张嘉佳的暖心餐厅

◎ 明星创意菜

◎ 极具特色的文艺装修风格

等时光慢下来

张嘉佳是个会讲故事的人，也是个懂设计情致的人。

南京1912街区是一个老建筑群，也是闻名的夜生活区。"从你的全世界路过"就在1912街区里，独占一栋高大的民国风格建筑。楼高三层，高高的屋脊、高挑的大门和灰色的外墙，显得整栋建筑大气厚重。外墙上长满了爬墙虎，这些随风摇曳的精灵一点点吞噬灰砖青石，慢慢把整个餐厅都藏在了绿色里。

"从你的全世界路过"其实是张嘉佳同名作品中的一个篇章，书里的很多故事，虽然情节不同，但围绕着青春娓娓道来的总是那么几个关键词。流浪也罢，旅行也罢，悲欢离合，嬉笑怒骂，都是青春应有的样子。那短短几年的五味杂陈、跌宕起伏并非没有意义，飞蛾扑火，有时也能够像流星一样耀眼闪亮。

"从你的全世界路过"，更像是朋友间的问候与倾诉，那些岁月留在了山河间，那

单车藏在一片绿色里，充满青春的味道

些日子曾春风十里。一本饱含丰富情感的书，也是一间装满了各种味道的餐厅。餐厅里给人感触最多的，是20世纪80年代、90年代的微复古，红色电话亭里的勿忘我，高大细瘦的黑色皮座椅单车、胶卷录音机、金色大喇叭留声机、旧皮箱和Loft风。时光仿佛黑胶唱片上的圆，一圈一圈化不开的浓稠的梦。

我无法用简单的语言去描绘这个餐厅的样子，因为它有太多的细节。餐厅里情境的浮现多少呼应着书里的故事，也许要真正明白这些细节，唯有读过那本书，才能更懂这店里的情境。

等你留下来

在文艺餐厅里，和情怀同样重要的，就是味道。

入座，点餐，餐具也看得出来心意。用心设计的菜单，像是老朋友寄来的信，里面写的满满的都是关怀与问候。

菜品的名字都很别致，摆盘也漂亮，端上桌来显得很精巧。

这不仅是一家餐厅，也是一个优雅的文艺青年聚集地

"梅茜的午餐"是一份炒牛肉，黑色托盘上放一朵玫红色的花儿，汤勺沾上芥末轻轻一划，看上去赏心悦目。牛肉有胡椒的味道，偏西式做法，但肉质很嫩。虽然看起来颜色并不清淡，但口感却没有那么厚重。

梅茜的午餐，是一道炒牛肉，嫩滑的牛肉配上一点芥末，有别样的滋味

"老情书"是很有意思的菜，泛黄的煎饼上印着模糊的字迹，仍然是黑色托盘，葱白葱绿切丝，煎饼馅装在碗里。享用的时候，信纸模样的煎饼卷上青白细丝和馅料，如同卷一起青葱的岁月。

"猪头的爱情"，烹制一份甜腻的东坡肉，搭配几个清淡的寿司。这新奇的吃法虽让人有些摸不着头脑，但味道新奇，别有创意。

"从你的全世界路过"，本以为是一道清淡的菜，没想到却铺满了红艳的辣椒，像隆冬的爆竹一般，这道菜里有鸭掌、猪蹄，连马蹄都囊括其中，果真是"路过"，是千军万马，轰隆作响，难以忘怀地"路过"。

菜单里有个极其美丽的名字——"初恋是一个人的兵荒马乱"，居然是洋葱味的复合果汁。因为有蓝莓，所以是忧郁的蓝紫色。初尝只觉得洋葱辛辣怪异，后尝到甜蜜，又有些微酸，的确是一场兵荒马乱，就像是每个人心中珍藏的，那一段微妙又不可言喻的初恋。

铁艺的书架，透着点微弱灯光，一帧一帧像电影的短镜头

1 | 2　　1. 有点昏暗的走廊，唯独一抹光在花朵上
　　　　2. 各种明信片，写着很多的故事，关于一场旅行，关于一场邂逅

"从你的全世界路过"，书也好，餐厅也好，还是这些充满想象力与创造力的菜品也好，都在诠释着青春的意义。张嘉佳悉心构筑的这块小天地中，唯有一件东西是永恒的，就是回忆。书里有很多故事，你总能找到感同身受的那个；餐厅里有很多情境，你总能找到看起来熟悉的那个；菜肴有很多种口味，你总能品出勾起过往的那一抹。

在这个餐厅里，总会有让你熟悉的味道，就像在书里，总有一个故事、一个人物像极了曾经的自己。每个人的回忆纵然不同，青春的主题却只有那么几个，流浪旅行，悲欢怒骂，像那杯"初恋是一个人的兵荒马乱"，回忆有很多，没有人会帮你记住，留下的只有自己翻来覆去的念想。

餐厅资讯

- 地　　址：南京市玄武区太平北路66号南京1912街区A10栋
- 电　　话：025-69979277
- 人均消费：100元
- 特色推荐：梅茜的午餐、老情书、猪头的爱情、从你的全世界路过、初恋是一个人的兵荒马乱韩寒是个很有腔调的文艺青年，文艺青年的餐厅，也同样情怀满满。"很高兴遇见你"在南京已经有两家店了，当年的追风少年，如今也将成为新晋大叔。褪去了青涩的韩寒，诚意推出这样一家餐厅，"很高兴遇见你"，字里行间都是来自韩老板的温暖心意。

很高兴遇见你
——韩先生的美食人生

餐厅特色

◎ 韩寒诚意出品
◎ 仙气四溢的中国菜馆
◎ 创意菜的文化情怀

不二的情怀

作家们开的餐厅，真的像餐厅吗？答案是肯定的，但又不那么确定。韩老板的"很高兴遇见你"可以有很多标签，创意餐厅，文艺餐馆，明星小店，但作家的餐厅最终还是会把落脚点放到文艺上来。除了舒适的用餐环境，明星餐厅的光环，以及有品质保证的食材，韩老板的餐厅更多的是情怀。

一间所谓的好餐厅，精致餐厅，文艺餐厅，最重要的就是菜肴与空间带给人的文化需求。而这个需求，作家当老板的餐厅最有发言权。作家本就和文艺密切相关，他们打造的餐厅，也一定是腔调满满。

韩老板的餐厅"很高兴遇见你"，每一家店都很有他的腔调，我在四月中旬走访南京的第二家"很高兴遇见你"，也满满地感受到这间文艺餐厅的情怀。

南京德基广场的"很高兴遇见你"是一家非常美的餐厅。Loft风盛行的当下，韩老

1	2
	3

1. 韩老板的餐厅，很高兴遇见你
2. 只为优雅而来
3. 我也很高兴，搭乘韩老板的文艺列车

板既没有追求复古，也没有刻意塑造后工业时代气息，而是选择花来作为餐厅的主题。
粉色的樱花点缀在餐厅的吊顶下，如同日本京都三四月的街道，白色纱帐垂落，楼梯的
走廊贴满蝴蝶，二层靠窗的桌前，摆放着火红的郁金香。

　　整个"很高兴遇见你"餐厅里，透出月光般的清辉，清浅淡雅，美丽浪漫。

不二的美食

韩老板一定是个热爱生活的人，所以对美食的追求也很细致。

在这里，创意菜的菜名都很特别，相比十分浪漫的餐厅陈列，菜品的名字似乎更有韩寒风格。

我所理解的生活
就是和我喜欢的
一切在一起

玫瑰花与餐桌，还有让人心生温暖的句子

"北京味的鸭馅饼"，和传统的北京烤鸭不一样，没有用春饼来卷鸭肉，而是直接夹在三角形的酥饼里。饼皮烘烤以后有种恰到好处的脆，鸭肉的肥美混合奶酪的腻滑。这是一道引人食指大动的硬菜，香气扑鼻，中餐与西餐的结合很有趣，口感也新鲜。

扑鼻而来的香味，奶酪焗饭的热气腾腾

"你没吃过我豆腐"，是一道酸甜清爽的菜，有点微妙的辣味融入汤汁中。内酯豆腐的清新滑嫩与酸甜辣酱相遇以后，在唇齿间变幻成一场奇妙的约会，配合香喷喷的米饭，再好不过了。

"来自星星的炸鸡"，带皮炸鸡块，肉质不柴，皮层上的脂肪在滚烫的油锅中迅速脱水，变得脆香诱人。蘸料酸甜可口，一瞬间鸡肉的香气就挥发出来，刺激着味蕾。包裹在金黄外衣里的鸡肉，丝丝水嫩，是上座率很高的一道菜品。

"黑松露低温蛋"是道名副其实的创意菜，黑松露独特的香气，配着两颗溏心鸡蛋，留黄淋汁，蛋液中没有腥味，入口只有绵延不绝的温柔滋味。做法洋气，口感新颖，有点像日料中的温泉蛋，而黑松露的加入，又有种东西糅合的感觉。

韩老板的"很高兴遇见你"，满分情怀和满分口感，不得不说在文艺餐厅中算是翘楚了。难能可贵的是，纵使有名人光环，"很高兴遇见你"也没有在细节上有所疏忽和敷衍，几乎可以说是精益求精，它确实是韩老板的诚心打造之作。

餐厅资讯

■ 地　　址：南京市玄武区新街口德基广场二期8楼
■ 电　　话：025-86777899
■ 人均消费：100元
■ 特色推荐：北京味的鸭馅饼、你没吃过我豆腐、来自星星的炸鸡、黑松露低温蛋

马铃薯西餐厅
——花园里的美丽邂逅

老门东侧面的窄巷子里，白墙石阶，垂落的爬墙虎中有个花园般的童话餐厅，这就是马铃薯西餐厅。它像是法国南部的乡村小屋，又像是莫奈笔下的田园归宿。它精致优雅，又慵懒从容。路过马铃薯西餐厅的客人们总会驻足，和这诗意的一墙深绿留下些纪念。马铃薯西餐厅，在这里和美食来一场浪漫相恋。

餐厅特色

◎ 中西合璧的奇特用餐体验
◎ 精致优雅的花园餐厅

中式建筑里的西餐厅

白墙绿叶里，藏着三个小小的字——"马铃薯"。窄门后面的灯光昏暗优雅，飘出来一点淡淡的冷香。门口有个露天小座，被葱郁的花草包围，仿佛英伦古堡里的贵族一样，坐在这里奢享花园下午茶。

美食与美景的相遇，一定是一次令人感动的邂逅。餐厅里其实是中式古风，木质雕花，窗明几净，可也安置了西式的吧台与红酒架。一进小院别有洞天，桌上的台灯有着暖黄色的光线，木雕的门窗透出院落里月光清辉斑驳点点。中式与西式就这样碰撞出火花，却并无违和感，反而生出一种带有童话情愫的迷思来。

在马铃薯西餐厅里，每一个角落，每一束桌花，都可以看出其精心的布置。窗外绿色的点缀为餐厅里的典雅增添了一分活泼，暖黄的光线柔和了整个餐厅。西式的慵懒化开了中式些许的古朴与厚重，中式的高贵大方又缓和了西式的冷淡与疏离。南京女孩儿们把马铃薯西餐厅列入最佳约会名单的餐厅之一是没有错的，马铃薯这样古色古香的西

马铃薯西餐厅，一扇小小的窗户，一盏昏黄的灯

餐厅确实难得一见。把东方与西方，化作恋人之间的耳鬓厮磨，也许只有马铃薯西餐厅才做得到。

马铃薯和它的朋友们

我们接触的传统意义上的西餐，其实是以意大利为中心的欧洲美食，甚至混搭了北美和南美风情。意面、比萨、牛排、沙拉，有时还有美式汉堡，西餐厅里的美食，从头盘到甜点，其实并不拘泥于某一个国度。

马铃薯西餐厅的名字，很容易让人想到那个大洋彼岸挚爱土豆的国家——英国，经常被揶揄只有马铃薯和炸鱼的英国对土豆的热爱确实超过其他很多食材。但马铃薯西餐厅并非只烹制土豆，它应该算作一家传统的复合式西餐厅，虽然这里关于土豆的所有菜品都很好吃，但这里的馅饼、意面、牛扒同样是人间美味。

马铃薯西餐厅的招牌烤奶酪土豆泥，是这里最受青睐的主食。土豆泥独特的绵软口感，搭配香气四溢的奶酪，丝滑奶酪和土豆泥烤制之后如恋爱般缠绵悱恻，难分彼此。

精致优雅的花园庭院

1 | 2　　1. 剔透玻璃杯和酒柜里各式的酒瓶
　　　　2. 用花点缀的英伦风情餐厅

只是听起来就很默契的两种食材，入口时产生了奇妙的化学反应，搭配在一起犹如天作之合，食客们仿佛见证了一场土豆与奶酪的完美恋爱。

牛肉薄饼也是获得大赞的一道硬菜，牛肉与充盈的芝士做馅料，夹在微微烘焙至酥脆的墨西哥薄饼中，每次轻轻咬下一口，丰富的馅料就像马上要溢出来一样。甜辣酱配着淡奶油的蘸料也非比寻常，掳获众人的芳心，也征服了许多苛刻美食家的味蕾。

在马铃薯西餐厅的用餐体验十分诗意唯美，享受美食有时是一种五感的集萃，如果五感不能完美协调，那么口中同样的食材在不同心情下会幻化出不同的味道。有时食物的滋味会触发五感的联觉现象，所谓美食，"食"前有一个"美"字。就餐的心情和环境，有时和食物本身同样重要。

餐厅资讯

- 地　　址：南京市秦淮区边营15号老门东历史文化街区内（老门东侧）
- 电　　话：025-58776616
- 人均消费：102元
- 特色推荐：烤奶酪土豆泥、牛肉薄饼

苏州

阿木春记——美食，大隐于市

上下若——苏式园林里的盛筵

巷子里的阳光——巷子里的美好时光

阿木春记

——美食，大隐于市

阿木春记在平江路上不太好找，因为它隐藏在一条不起眼的小巷子中，游人一不经意就很容易错过去。他家的门面是木质的，很精致。整个店面也很小，但其菜品与口味却不输那些热门的人气餐厅。阿木春记虽然是真正意义上的传统餐厅，却不失小清新的气质，因而在平江路这样的文艺街区里也能崭露头角。

餐厅特色

◎ 传统美食精致做法
◎ 环境优雅文艺清新

老巷子里的传统美食

春，就是把食材放在石臼或乳钵里捣碎，使其破开或者脱壳。阿木春记，顾名思义就是做春类食物的小店。小店在平江路的悬桥巷，要一直走到路的尽头，还要拐过弯转入另一个小巷才看得到店面。巷子古老而又隐秘，这样难寻的去处不知是如何吸引大批食客不惜兜兜转转前去光顾的。

阿木春记店面虽小，却称得上麻雀虽小五脏俱全，店里只有一组餐桌椅，店外窗户下有个吧台式的长桌，供客人用餐。木质门窗、牌匾虽然朴素，但看起来干净清新，很有苏州的情调和味道。

店里的书架上摆放着书本，一些可爱的绿萝点缀其中，吧台的小黑板上写着菜品。店里没有过多的装饰，却胜在清新平实。木架上除了书籍，还有一些小陶器和一两幅画作。虽然没有特别显眼的摆设，但简简单单更惹人喜欢。

老板也是个苏式的文艺青年，样貌清秀，脾气随和，整个人干净清爽，讲起话来像

阿木春记的初印象，是藏于悬桥巷内的温暖小馆子

苏州四月份和煦的春风。

遇见阿木春记，平江路上的热闹就似消失殆尽了，只剩下这既清淡又隽永的苏式文艺气质。老板总是把店里的窗户开着，让坐在里面的客人能看到巷子里的人来人往，也让走过小店的人嗅到这里的食物之香。

春成的好味

春系列的经典美食有春鸡爪、春粉皮和春牛肉。

阿木春记里的鸡爪和传统苏氏鸡爪不同，春鸡爪是一道西南风味的特色小吃。将鸡爪捣碎，佐以黄瓜、番茄、藕和花生米，撒上黑白芝麻，看起来色泽明快鲜艳。鸡爪春碎以后更加方便入口，白鸡爪的酸辣口感十分开胃，夏天吃起来很清爽。

1 | 2　　1. 书架与绿植点缀其间，简单又诗意
　　　　2. 菜谱也饶有趣味，虽然菜品不多，但每一样都很有特色

　　春粉皮的用料是纯手工的绿豆粉皮，也以酸味为主，调汁用的不是醋而是柠檬，入口弹劲十足，卖相也养眼。配料都是老板从家乡带来的，尽可能保证了传统口感。

　　除了原汁原味的春系列，还有苏式糖粥、杏仁糊、鸡汤小馄饨这样的苏式小吃。主食类以西南口味为主，甜食有紫薯包和流沙包，而油炸咖喱大排、油炸春卷和藕饼则算是传统餐厅的创新菜。阿木春记在挑选食物的器皿方面也很用心，日本和式的烧器配简单古朴的食物，再适合不过了。

　　其实店里最受欢迎的，除却三种春类食物，就是青柠水了。古法的柠檬水味道很正宗，用木头挤压使柠檬自然流出汁水，冰凉沁爽。浅绿色的青柠和晶莹剔透的冰块，一杯简单却讨人喜欢的青柠水，让江南湿热的夏天变得舒适又清新。

餐厅资讯

■ 地　　址：苏州市平江区平江路悬桥巷54-1号（悬桥巷内走
　　　　　　10米）

■ 电　　话：0512-65199990

■ 人均消费：25元

■ 特色推荐：春鸡爪、春粉皮、春牛肉、青柠水

上下若
——苏式园林里的盛筵

上下若——一个很好听的名字，在平江路算得上是很有名气的餐厅。因为本身是控制保护建筑，所以上下若就和普通的明星餐厅显得有点不同，那一份高贵典雅的气质，大概就来自于它悠久的历史。

餐厅特色

◎ 控保建筑里的古色古香
◎ 文艺清新的中西混搭风
◎ 有特色的苏式园林餐厅

控保建筑里的餐厅

古色古香的上下若有个漂亮的苏式园林院子。客人路过的时候，经常会好奇地探头瞧瞧，甚至会误以为这里是家高端的私人会所。在平江路上，有这样大的院子和如此完好的古建筑实属难得。上下若的环境在平江路也是一等一的好，即使有雨后春笋一样冒出来的众多文艺小馆，上下若在平江路的地位仍然是不可撼动的。

这个苏式一进院很精致，有假山绿树、瓷缸石凳，非常精致漂亮。小院中间并未摆放桌椅，而是在周围一圈修起了榻榻米座椅。榻榻米用木架隔挡，就像半开放的小包间一样。榻榻米上撑起挡雨的半窗，竹帘半垂，人们脱履而坐，品茶也好，用餐也罢，都可以全方位地欣赏这个苏式园林小院的美。

室内用餐区域有偏中式的木制的桌椅，雕花的窗几，也有很西式的精致吧台。各种洋酒摆在吧台上，为单调的中式建筑添了一抹艳丽色彩。烛台藤椅高桌，既细腻又别

1. 很有幽默感的兵马俑指引牌
2. 特色的中国风顶棚

古色古香的控保建筑

致，由此便品出了上下若里的情调与浪漫。

中式大厅后面有一个天井区域，用玻璃包裹起来，垂着青花瓷的百褶纸绢灯。天晴时，平江路的阳光斜着穿过草木铺在玻璃房上；下雨时，雨水滴滴答答落在玻璃窗前。夜晚有星，白天有云。在这样的环境里用餐，无疑是很美的享受。

古色古香西餐厅

上下若是以西餐为主打的餐厅。

奶油蘑菇焗饭是很有人气的一道主食，热腾腾的芝士铺在米饭上，米饭蒸熟后的水汽还未散去，就被包裹在芝士里，变得柔软而湿润。蘑菇切成小丁，与大米的香气糅合，一勺下去，挖起满满的拉丝芝士，入口间满是丝滑，蘑菇的弹润，米饭的颗粒感，而芝士把它们紧紧地粘连在一起，这大概就是吃货最幸福的时刻。

香草鸡肉意面，绿色的香草和白色的奶油拌在意面上，意面软硬适中，有充分的弹性却不至于生硬。香草清新，奶油甜香顺滑，鸡胸肉丝白细腻搭配奶油不至于柴，是小姑娘们最喜欢的主食。

匈牙利牛肉饭也是一道餐桌上的硬菜，精选白米饭蒸熟，米粒不湿不硬，不软不干，弹性恰到好处。胡萝卜、西芹、大葱切块，牛肉香气扑鼻，搭配精心调配的西班牙红烩牛肉汤汁，色香味俱全，引人食指大动。

如果遇到一个闲适的午后，漫步平江路，也不妨在上下若点一杯甜入喉咙的摩卡，搭配精心制作的布朗尼蛋糕，只有这样的甜蜜，才配得上苏州清淡到极致的慵懒时光，才配得上这里寂静美好的园林之梦。

牛肉与番茄打开了味蕾，酸甜与劲道融合成一道美味

餐厅资讯

- 地　　址：苏州市平江区平江路255-257号（平江路与白塔东路交叉口）
- 电　　话：0512-65815779
- 人均消费：60元
- 特色推荐：奶油蘑菇焗饭、香草鸡肉意面、匈牙利牛肉饭

苏州平江路的某个巷子里，有间会给你带来惊喜的餐厅——"巷子里的阳光"。这里绿植葱郁茂盛，花开芳香四溢。窄窄小短巷里，别有洞天的餐吧，不但像阳光一样温暖人心，也温暖了你的胃。

巷子里的阳光
——巷子里的美好时光

餐厅特色

◎ 宽敞的用餐空间
◎ 多功能的休闲场所
◎ 精致优雅的露台

小巷里的别有洞天

一片绿荫里的不期而遇，却总给人带来很多惊喜。

拥有"巷子里的阳光"这样一个文艺的名字的餐厅，无疑也是文艺的。小小的庭院掩映在一片绿植中，曾经也是平江路上的某个老民居，修葺后竟然美得如此诗情画意。巷弄口的白墙长满爬墙虎，彩色的路标写着"巷子里的阳光"几个字，鲜艳耀眼。

走进院门就像走进了一座植物园，粉色的蔷薇点缀在大片绿色中，攀附在植物的枝干上，几级宽宽的石砌台阶让这个小院子立体起来，里面藏着浓郁的夏天。

直到迎面走来一个穿着蓝色围裙的姑娘为我领座，我才恍然发觉这是个独门独院的餐厅，空间很大，很难想象这样的小巷里也能藏得下如此大的空间。院子错落有致，格局讲究，天井上搭了块玻璃墙，将炎炎烈日和风雪雨水都隔绝在外，只留一番安宁与惬意。

有些"秘密花园"的意味在其中

　　餐厅的二层以白色为主色调，明亮有序，整洁宽阔，原木的桌椅、精致的桌花、白墙上的画作和爬墙虎，都是极其考究且有格调的陈设。二层室外的小露台，恰好位于平江路的高处，站在露台上可以眺望平江路的民居院落，看灰瓦白墙，看蔷薇盛开。初夏夜晚，凉风习习，坐在这样的露台享用一份精致晚餐，不失为一件美好的事情。

　　吧台很有杂货风，干枯的植物与铁桶，藤条与印花小蓝布，还有各种颜色的酒瓶，每个细节都藏了主人的心思，像是明信片里的素材一样。看似随意，好像信手拈来的布景，但处处都彰显出精心的布置。餐厅的一面墙上贴满了苏州的老照片，有街景的，也有人物的，虽然取景各不相同，但都是苏州的过往时光。怀旧的照片墙和杂货风的吧台，让这个小院子充满了文艺咖热爱的怀旧情怀。

美食在深巷中

　　"巷子里的阳光"空间很大，因而它的功能也比较全面，餐厅、酒吧、咖啡馆、茶座，它都可以胜任。

小资的感受，文艺的环境，小确幸的生活

1│2　　1. 深深小巷里的时光，草木间的诗意情怀，喝点小酒也不错
　　　　2. 一盏灯的温柔，让昏黄的室内有了归属感

　　这里的招牌是老苏州的一道甜水——桂花鸡头米。苏州土特产的上品芡实，又名鸡头米，它是"婴儿食之不老，老人食之延年"的极好食材，既滋润，又营养，老苏州人都喜欢它。这款地道的苏州本地甜汤人气很旺。找到这里的食客，很多都是为了这一碗桂花鸡头米而来。

　　作为一个复合型餐厅，"巷子里的阳光"也有拿手的西式餐点——阳光至尊比萨，也算是这家餐厅的招牌菜了。比萨上桌时，就像一个红彤彤的大太阳，闪耀着温暖的光辉。红色番茄在周边围成一个圈，浅黄色的芝士铺在中间，像是太阳的光芒。青椒、虾仁、洋葱随意点缀在比萨饼上，让人不禁垂涎欲滴。

　　除了甜品和西餐外，这里还有精致的下午茶。这是一个可以从清晨坐到夜晚的好地

方，发呆晒太阳、聊天用餐都很惬意。巷子里的阳光，果然是深藏在巷子里的，一个极温暖的去处。

餐厅资讯

- 地　　址：苏州市平江区平江路250号（近尚河咖啡）
- 电　　话：18020267527
- 人均消费：50元
- 特色推荐：桂花鸡头米、阳光至尊比萨

杭州

绿茶餐厅——寻找那一座绿岛

朴墅餐厅——朴素杭州味

热意餐厅——青芝坞遇见地中海

旅马餐厅——追风景的人

绿茶餐厅
——寻找那一座绿岛

杭州餐饮界有很多传奇，而"绿茶"，必然是传奇中的一抹文艺范儿。绿茶已有许多分店，然而龙井店总是最能代表绿茶的灵魂。质朴中不失灵动，大气中不乏柔美的气质，着实符合江南的"水光潋滟晴方好，山色空蒙雨亦奇"。

餐厅特色

◎ 一池碧波上的阳光木屋

◎ 创意杭帮江南菜

世外的岛屿，世外的桃源

我沿着满目葱茏的龙井路散步，看到一幢透明的玻璃木屋，若隐若现地矗立在湖中央，就像如果没人提醒，你绝对想不到，这样如梦似幻的环境中，竟然隐藏着一家平价餐厅。

绿茶的入口并不好找，但因为时时都聚集着很多等待用餐的游客，所以就显得尤为显眼。沿着碎石板路往里走，穿过一扇布置得极为精致的竹质拱门，跨越一座石拱桥，便走进了这座纯木质的水上建筑。

绿茶最好的位置就是靠窗木质长廊的桌椅，推开木玻璃窗，远山近水尽收眼底，秋风习习，芦苇荡漾，空气好得仿佛洗过一般，柔软中飘浮着浪漫。芦苇微微有些泛黄，映着粼粼的湖水，形成了鲜明的对比，秋雨稀稀疏疏，落在苇花上，落在苇叶上，落在湖面上。这一切并不显得萧索寂寥，反而会让人有种偷得浮生半日闲的舒畅。

去洗手间的路上，可以看到原木地板下的池子里养着用来做菜的新鲜活鱼，养鱼的

1. 全木质的店堂
2. 餐厅内部也是浓郁的民族风格

建在一池碧波上的绿茶餐厅

从餐厅望出去是迷人的绿色池塘

水都是从西湖直接引来的。一棵老树丫从房顶蹿出，是装修时为了不破坏原生态环境而保留的。后建的玻璃屋顶上爬满了藤蔓，人文与自然达到了和谐。

自此之后，连我这种钟情新鲜感的资深食客，也做了很长一段时间绿茶粉。每每有朋友从外地来杭，我总会不辞余力地推荐这家餐厅，因为发自内心觉得，这是最能代表"杭州特色"的餐厅。

虽说从龙井店之后，杭州在不同区域都开了"绿茶"，室内的装修设计比起老绿茶也有过之而无不及，但在我内心深处来看，龙井店仍然无可替代。

无法拒绝的"诱惑"

为了吃顿饭而排三个小时的队，在大多数人看来，这绝对是不可思议的事，但是在绿茶，却多年持续着这样的火爆。要让这么多人排队等位的餐厅，必然是有大招的。绿茶餐厅不仅注重环境设计，菜系口味也是极佳的。

1 | 2　　1. 招牌绿茶烤肉
　　　　2. 绿茶是面包诱惑的鼻祖

绿茶店内的布局是小桥流水的江南风韵，而菜系也以创意杭帮江南菜为主。它集合了现代年轻人的文艺情结及口味，将菜色做得精致，在视觉感官上就直接攫取了人心。色调搭配上，绿茶的厨子们如同艺术家彩绘一般精雕细琢，嗅觉方面，自然早已被周遭环境覆盖，鸟语花香，一端上来就让吃货们忍耐不住了。

来绿茶，必点的菜绝对是"诱惑"系列。

绿茶第一主打的"面包诱惑"，甚至成为不少餐厅争相效仿的创意菜。方形的麦香面包被切割成块，最上面摆放着香草味极浓的冰激凌球，将一块松软香脆的面包蘸着香浓的冰激凌放入口中，温热又冰凉的冲击感完美融于齿间。当然，千万别浪费了最外面那层烤得香脆的面包皮，这才是面包诱惑的精华所在。此外，鱼头诱惑和牛肉诱惑也是绿茶必点菜之一。

这里点菜、茶水都是自助的，让人觉得随意舒适，放松自在，就像回到自家餐厅，没有一般餐厅过于拘泥的感觉。

来此就餐，我建议最好避开餐点时间，或许，在一场漫无目的的寻找和一次说走就走的逃离后，能够偶然遇见"绿茶"——这座世外岛屿，让你在纷繁喧嚣的城市中感受一丝难能可贵的清幽。

餐厅资讯

■ 地　　址：杭州市西湖区龙井路83号
■ 电　　话：0571-87888022
■ 人均消费：68元
■ 特色推荐：面包诱惑、鱼头诱惑、牛肉诱惑、绿茶烤肉

朴墅餐厅
——朴素杭州味

　　一提起"青芝坞"，就会让人联想到环翠堆秀、繁花似锦，有流水，也有船，应该是个极好的去处。事实也是如此，经过杭州市人民政府整治过的青芝坞，景色别有风致，已经成了文艺青年的聚集地。朴墅坐落在青芝坞街口，坐拥极佳视野的自然风光，无论地理位置、店堂环境还是食物口味都无可挑剔，被誉为杭州人气极佳的餐厅之一。

餐厅特色

◎ 拥有青芝坞的极佳视野
◎ 卤味是最大特色

为有菜香来

　　青芝坞是杭州文艺青年的聚集地，每到周末，这里总是格外热闹，尤其是车位，简直就是一位难求。而位于路口的朴墅餐厅，因其位置优越、菜色精致、口味优良更是门庭若市。若不是来得特别早，等待几乎就是食客们的必修课。

　　朴墅餐厅的店堂设计是时兴的朴素风格，素白墙面、水泥楼梯、做旧的肌理，姿态各异的树桩立在店堂的最中间，原木的桌椅、门窗，并不花哨，简简单单，没有过多繁复，却会在某个转角发现一些惊喜。

　　进门的一楼大堂有一排明档，放着四口大铁锅，卤着不同的卤味和菜色，有招牌的鸡爪、牛仔骨，香味扑鼻。厨师会在这里现场烧制，一边打勺，一边就透出扑鼻的菜香，这真是店家最明智的创意，即便是原本并不饿的人走到这里，闻到这扑鼻的香气，也会馋虫大闹五脏庙，或者一开始没打算点卤菜的人，看到这么鲜美香浓的食物，也会想要尝一口，卤味已经成为餐厅的招牌菜。

朴墅外面的湖倒映整个餐厅

一楼的卡座

餐厅的装饰品都很原始

走到二层，你会发现朴墅的空间很大，经过一个内中庭，是一栋二层的独栋，有一些包厢和散座，而主楼的室外还有一个很大的庭院，这里的桌位比较紧凑，每天有很多客人在等位，可见生意的火爆。

朴墅的装饰摆件都很有趣，各有主题，楼梯口的每一个转角都能看到精巧别致的景观小品，可见主人的用心。

只为菜品费思量

餐厅最重要的必然还是菜品的味道，朴墅在这点上一直做得很好。

卤味是杭州老底子的味道，也是这里的主打招牌，鸡爪、大肠、叉烧做得都很入味。尤其是金牌牛仔骨，香浓的卤香味，酥而不烂，配着薄饼，食后口留余香。

招牌奶油芝士焗南瓜，看起来有点像小份的比萨，南瓜里有浓浓的芝士奶香，口感微甜，入口即化，软糯香甜又不腻，很受女孩喜欢。

还有一道名为"人品大爆发"的菜，只听名字会让人有些摸不着头脑，端上来一看，原来就是蔬菜沙拉，外加上面撒了一些油炸脆片，口感还不错，这名字给它加分不

1｜2　1. 朴墅的明星菜金牌牛仔骨
　　　2. "人品大爆发"其实就是蔬菜沙拉

少，也是朴墅很受欢迎的菜品之一。

　　公认的腊味煲仔饭倒并没有特别惊艳，粒粒香米透着腊肠的香味，下面那层焦焦的锅巴是我的最爱，当然，口味还是因人而异。

　　朴墅的菜，没有过多花哨的装饰，不凹造型，注重菜的原材料和本味，相信即使是挑剔的食客，也会满意而归。

餐厅资讯

- 地　　址：杭州市西湖区玉古路61号（青芝坞路口）
- 电　　话：0571-87203383
- 人均消费：70元
- 特色推荐：奶油芝士焗南瓜、雪媚娘、人品大爆发、腊味煲仔饭

热意餐厅
——青芝坞遇见地中海

热意餐厅响当当的名声，与它对口碑的重视密不可分，即使开在青芝坞的尽头，依旧门庭若市。与青芝坞大多数餐厅不同的是，这里主打地中海风格。它矗立在那里，就如一抹静静的蓝，开在植物园畔，清幽安静，舒适自然。

餐厅特色

◎ 无国界料理
◎ 地中海风格
◎ 芝士口味不错

主打小清新

热意餐厅在青芝坞应该是比较特别的存在，和朴墅绝佳的地理位置正好相反，它坐落在青芝坞主路的尽头，植物园的后门处。若是徒步从门口走进来，最好踩双平底鞋，因为确实有点儿远。

虽说位置靠里，但热意的视野却很好，独门独户的小楼，前后都没有遮挡，很远就可以看到它的Logo显眼地挂在建筑的白墙上。门前溪流潺潺，树木郁郁葱葱，一派和谐的自然景致。

热意餐厅和大多数有主打菜系的餐厅不同，走的是创意十足的无国界料理路线，连设计风格也融合了各种元素。餐厅室外、室内感官差距很大，室外主打的是清新自然的田园风，到了室内立马变成了地中海希腊风格。每张桌子上都放置着鲜花，有的是勿忘我，有的是满天星，加上复古的工艺品以及做旧的搪瓷餐具，让人恍然回到20世纪80

1. 装饰品大多是海洋元素
2. 餐厅装修充满地中海风情

开在茶园旁的热意餐厅

1 | 2 | 3　　1. 咖喱鸡分量不大，但口味一流
　　　　　2. 铁板天妇罗臭豆腐味道不错
　　　　　3. 榴梿炒饭堪称一绝

年代，融合出不一般的味道。各种自然、浪漫、怀旧的元素混搭而成，却始终契合小清新的口味，成为文青们喜爱的餐厅。

吃的是生活方式

这里不仅环境宜人，更让人难以忘怀的是它的菜式。

如果你喜欢芝士，那必然不能错过这里的"芝士焗烤手打年糕"，这是他家的主打菜，用意大利千层面的手法做年糕，细腻的芝士配着糯糯的年糕，口感非常好。

铁板天妇罗臭豆腐，看起来更像是东京街头的章鱼小丸子，只是这次，章鱼换成了臭豆腐，特别的搭配，绝妙的口感。

柠檬鲈鱼是我个人很喜欢的一道菜，鱼片很嫩，嫩滑的鱼肉里又带着青柠檬的香味，酸酸甜甜带点麻辣，鱼片下还藏着大白菜，很符合我的口味。

米汤的造型更胜一筹，用学生时代做化学实验的试管一根根装着，插在整碗冰上，实际上喝起来却没有任何味道，只是煮饭时留下的米汤，但也有趣。

这家店主打的是东南亚菜，除了芝士、咖喱外，榴梿也必不可少。榴梿冰激凌、榴梿炒饭都散发着浓浓的榴梿香，爱吃榴梿的朋友应该会非常喜欢。

总的来说，热意的菜还算有一定的记忆度，价格不算便宜，但吃的是一种态度和一种生活方式，据说很多明星也经常光顾这里。

餐厅资讯

■　地　　址：杭州市西湖区青芝坞161号
■　电　　话：0571-88933088
■　人均消费：70元
■　特色推荐：芝士焗烤手打年糕、铁板天妇罗臭豆腐、柠檬鲈鱼我认识很多留在杭州的旅行者，而久久是我见过的旅行者中，把生活和工作平衡得最好的。最终，他用一腔热情把毕生所爱的旅行和对美的感悟，凝结成了这样一家拥有行者气息的店——旅马餐厅。

旅马餐厅

——追风景的人

餐厅特色

◎ 创意融合混搭风
◎ 所有店内装饰都是从世界各地搜罗
回来的纪念品
◎ 户外庭院别有风情

行者的人生

走进旅马，仿佛走入一位旅行者的人生。它处处都在诉说着旅行的故事。你会感受到，一个有内涵的旅行者对生活的态度。

约了四个月，终于在旅马的花园见到了男主人久久，他刚刚第11次穿越西藏，从新疆回杭州，这一走就是两个多月。如此的执着，年年自驾走西藏，年年都会发现不同的线路和美好，可见他对于西藏、对于旅行的执着和深爱。从西藏回来后，久久又去仙本那考了AOW潜水证。这位一半时间在生活、一半时间在路上的旅行者，用自己的态度，展现着一位旅行者该拥有的人生。

这次再见久久，是在旅马餐厅的花园。我们已经多年未见，可旅马轻松就能唤起很多曾经走在路上的回忆，因为旅马本身，就是旅行的产物。

位于龙井的旅马餐厅是杭州有名的驴友聚集地

每次谈到旅行，久久都是眉飞色舞，有说不完的故事，而谈起旅马，他却总是很平静。没有过多渲染，也不过分矫情，似乎这只是一件很稀松平常、自然而然的事。旅行早已给了旅马不一样的灵魂，使它成为一个可以将理想和生活结合起来的地方。

旅马从未主动做过任何广告，但口碑却一直很好，低调的态度就如同老板的性格一般，不张扬，不做作，来这里的客人多是回头客，好评口口相传。这也是为什么即使位置很难找，旅马依旧经常爆满的原因。

旅行的影子

一家店的细节，可以看出主人对生活的态度。

旅马的一砖一木，都是老板自己去寻找选定的。

例如，院子里的一棵四季常青、开得茂盛的藤蔓植物，当年为了找一棵适合杭州冬天生长的常青树藤，久久独自在冬天跑到植物园里一棵棵寻找，最终找到了常青的藤蔓——油麻。这棵藤蔓长得飞快，没两年，院子就铺满了它的绿色。

门口两座一人高的木雕吉祥物出自于久久云南的好友——一位很有天赋的艺术家之手，每一件木雕都是根据树木的原型设计创作，都是独一无二的。

店内的很多装饰品都是久久从旅途中带回的。楼梯口那张完整的鳄鱼皮，是当年去越南时看中的，但因为当时陆路来，飞机回，担心入境会有问题，所以没有带回来，但

1. 天气好的时候，户外区是最受欢迎的
2. 色彩浓郁的养马餐厅

旅马餐厅的藤蔓都是主人从植物园淘来的

开店前夕，久久又特地去了一次越南，把鳄鱼皮买了回来。

餐厅墙上挂着很多相框，放着久久早期的摄影作品，照片记录了他穿越西藏、可可西里、泰国、越南、柬埔寨的足迹，这些都是旅途中浓烈又难忘的回忆。

旅途的味道

旅途中歇脚时的美食，其意义总是大于美食本身的口感，爱好旅行的主人，给那些身体和灵魂总有一个要在路上的旅行者们准备了一处赏心悦目的用膳地。但是如果你认为老板会因为慕名而来的人大多数只为了环境和心情，而忽略了菜品的好坏，那就大错特错了。这里的菜色口味，绝对不会令你失望。

旅马是以杭帮菜和创意菜为主，口味不重，姿色却颇高。

我最喜欢的莫过于素蟹粉西兰花，无论颜值还是口味，都很符合我的审美。绿色与

1 | 2 | 3　　1. 最喜欢的素蟹粉西兰花
　　　　　　2. 旅马餐厅招牌菜——酸汤肥牛
　　　　　　3. 金排骨也是旅马的招牌

黄色的配色健康清新，西兰花与素蟹粉各自成一体，口感香爽而不腻。

他家的第一招牌酸汤肥牛颇受大众好评，金针菇和莴苣的量很足，肥牛鲜香肥嫩，略带酸辣的口感，让人食指大动。

值得一提的还有千叶豆腐，豆腐虽是大众食材，但店内的千叶豆腐却是纯手工制作，细嫩间夹杂着些蛋香味，又沾染了汤水的灵动，别有一番风味。

最后，不得不提的是他们自家酿制的米酒，度数不高，入口香甜，回味无穷。

尝过了米酒，品过了美味，就像走过的那些长长漫漫的路，看过的真真实实的景，心中满足而丰盛。户外阳光灿烂，鱼池清澈见底，隐约有了些丽江酒吧街的影子。

餐厅资讯

- 地　　址：杭州市西湖区上茅家埠231号（吉庆山隧道与梅灵北路交叉口）
- 电　　话：0571-87982885
- 人均消费：70元
- 特色推荐：酸汤肥牛、千叶豆腐、紫薯饼、自制米酒

成都

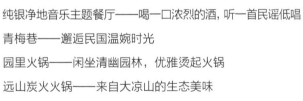

纯银净地音乐主题餐厅——喝一口浓烈的酒，听一首民谣低唱

青梅巷——邂逅民国温婉时光

园里火锅——闲坐清幽园林，优雅烫起火锅

远山炭火火锅——来自大凉山的生态美味

纯银净地音乐主题餐厅

——喝一口浓烈的酒，听一首民谣低唱

循着导航穿过龙王庙正街狭窄的巷子，路过热火朝天的邱金小炒和闻名遐迩的绝城芋儿鸡，以及一家挨一家狭窄破旧的串串面馆、卤菜店、民房和地摊，热闹，破旧，却又生气勃勃，这一切不禁让人心生疑惑：这到底是怎样一个地方？走到小路尽头，豁然开朗，暮色中一幢古朴的尖顶建筑伫立眼前，银色的霓虹店招在夜幕中闪闪发亮，里面传出阵阵动人的歌声和音乐。纯银净地音乐主题餐厅就像一位隐藏在乡村深处的民谣歌手，平时低调，却在舞台灯光照亮时熠熠生辉。

餐厅特色

◎ 隐藏在旧街区里，由老瓦房改建而成
◎ 传统手工匠人打造的银饰装修风格
◎ 改良自贡风味的特色菜品
◎ 每晚都有民谣主题演出

微醺的夜晚，这里有民谣和美酒

这个以民谣为主题的音乐餐厅坐落于成都市中心龙王庙，是一幢旧瓦房改建的独立老式建筑。有人说，这里是成都的丽江；有人说，这里有鼓浪屿的浪漫；还有人说，这只是一个有驻唱歌手的酒吧。纯银净地民谣餐厅的创始人如是说，这里只是用心和情怀在生活。成都一直是一个充满艺术气息的城市，也散落着很多用心唱歌却默默无闻的民谣歌手，纯银净地则将成都的民谣音乐人汇聚一起，想要打造一个民谣基地的梦。

龙王庙是一条老旧的街区，在外面破旧杂乱环境的对照下，餐厅内部的装潢显得尤为亮眼，个性突出。独栋房屋从修建到装修均为老板亲力亲为，整体干净大气，木质的桌椅吧台呈现出简洁明快的工业风格。店内随处摆放着传统手工匠人打造的银饰，老屋梁上养着七只小鸟，每桌都摆放着萌萌的多肉植物。餐厅还设有VIP包间，包间内采用

气质温婉的民谣歌手

这里的歌手有一种自得其乐的气质

银饰的酒杯和碗筷，盛放菜肴的盘子也为手工制作，特别适用于生日、求婚和聚会等特殊场合。

每晚大约七点，当夜幕降临，城市华灯初上，餐厅的民谣表演也开始了。餐厅灯光渐暗，吉他响起，多位驻唱歌手开始轮流演出。在这里表演的歌手大多有种自得其乐的气质，就像几个志同道合的朋友在一起随意地弹琴、唱歌，他们演唱的曲目有国内民谣音乐人的作品，有国外民谣，也有自己的原创作品。墙壁上贴有歌手的海报、简介，还有签名，或许他们都不太出名，可谁又能断言他们未来不会走红？或许那位优秀的创作人当初就坐在你身边唱歌。即使一直默默无闻，你也能听见，他们那热爱唱歌的心。

大快朵颐江湖菜，成都潇洒走一回

  餐厅主打自贡风味的江湖菜，经过了特别改良，保持重口味，看起来辣，却又不油腻，降低了辣度，增加了酱香口味。

  这里菜品的名字都很有意思，既随性，又带着一些思考。因为老板本人喜欢吃虾，但又嫌剥虾壳麻烦，于是招牌菜"一排虾子"的创意由此而来，用小竹签把虾穿起来，剥掉虾皮只剩下头和少许尾巴，这样食客吃虾时免去了手剥的麻烦。"美人鱼"则谐音每人吃一条鱼，一条就是一盘，采用自贡做法加酱香风味，滋味浓厚绵长。"火爆天

1 | 2   1. 吧台布置呈现了简洁工业风
           2. 每个座椅都精心装饰

堂"这个名字很有意思，天堂其实就是猪的上颚，经过爆炒后香嫩爽口，分量十足，吃起来相当过瘾。

　　店里的各式饮料也很有特色，啤酒种类不算太多，但都经过精心挑选。如果常来，会有机会碰见各类小团体在这里聚会、唱歌、喝酒，热闹而不俗气，感觉特别好。

　　老街区，旧瓦房，民谣，银器，自贡菜，各种标签于一身，看似不伦不类，却又完美消化和融合，这里既是餐厅，也是酒吧和咖啡馆的混搭。阳光灿烂的午后，你可以坐在二楼独具特色的彩色玻璃窗旁，享用浓醇的咖啡和轻松惬意的下午茶，闲看楼下菜市场热闹流动的各式小买卖。更妙的是，夜幕降临后，就着民谣和啤酒，品味地道的自贡江湖菜，度过一个老成都旧街区的微醺奇妙夜，就像赵雷在《成都》那首歌中唱的：

　　　　让我掉下眼泪的　　不止昨夜的酒
　　　　让我依依不舍的　　不止你的温柔

1	2	
---	---	5
3	4	

1. "美人鱼"，寓意每人吃一条鱼
2. 不用手剥的招牌菜——一排虾子
3. 火爆天堂香嫩爽口
4. 炸薯片模样很粗犷
5. 特调口味的饮料色泽养眼

余路还要走多久　你攥着我的手

让我感到为难的　是挣扎的自由

分别总是在九月　回忆是思念的愁

深秋嫩绿的垂柳　亲吻着我额头

在那座阴雨的小城里　我从未忘记你

成都　带不走的　只有你

和我在成都的街头走一走

......

餐厅资讯

■ 地　　址：成都市锦江区龙王庙铜井巷2号

■ 电　　话：028-64068567

■ 人均消费：80元

■ 特色推荐：一排虾子 、美人鱼、 铁板脑花、超级玛丽的蘑菇
　　　　　　包、火爆天堂

青梅巷
——邂逅民国温婉时光

"和羞走，倚门回首，却把青梅嗅"，每当想起易安居士的词，就仿佛看见一个古代纯情少女娇羞可爱的模样。青梅巷，这是一家从名字到格调都充满浓浓文艺气息的餐厅，仅是想象走在这样一条弥漫着青梅花香的深深小巷，就已让人心生向往。坐在鲜花环绕的景观位，眼望墙壁上的复古仕女像，手握青花瓷碗碟，享用老成都的传统川味菜，仿佛穿越时光隧道，回到温婉的民国时光。

餐厅特色

- 复古怀旧的情调
- 散发着老成都味道的菜品

复古氛围，恍若回到旧时光

尽管恒大广场略为冷清，这家位于四楼的特色川菜餐厅却让人惊艳，没想到在位于繁华的市中心的提督街还藏着这样一个充满了复古怀旧气息的地方。

一到商场四楼，就看见青梅巷的醒目店招。推开玻璃门走入餐厅，仿佛瞬间进入了民国风情的时光隧道。整个店面以红色和青色为主，弥漫着一股浓浓的怀旧复古氛围，纯木的桌子，复古的琉璃台灯，墙上满是茶叶盒和花瓶等装饰。最为出彩的是大厅和包间墙上的壁画，描绘了多幅身着旗袍或中式服装的民国仕女图，画中仕女或含眉低笑，或抬头拈花，或颔首沉思，那种温婉的气质让人不禁想起江南烟雨中手撑油纸伞在深深雨巷中慢慢走路的姑娘。

除了大厅的壁画，餐厅的景观位置也让人赞叹。推开一道中式大门，里面又是一个别样空间，景观座位仿照园林构景，周围环绕着鲜花和绿植，杜鹃、绿萝、剑兰层层叠叠，有花有鸟，窗台通风，空气通透，仿佛一个隐秘的私家花园。一只名为"小九儿"

店内的景观雅位很受欢迎

1│2　　1. 一进门就能看见这幅含眉低笑的民国仕女图
　　　　2. 青梅巷光影墙

的鹦鹉，红绿相间的皮毛煞是可爱，它还会和客人打招呼说话，俨然这里的活招牌。

　　开放式厨房设置在门口不远处，客人可以看到厨师们在里间忙碌的样子。服务员均身着民国时期学生服饰，和餐厅的整体格调相得益彰。

传统川菜，儿时的味道

　　刚刚坐定，服务员就端来清香扑鼻的茉莉花茶。桌上所用杯碗大多为青花瓷，复古而精致。和复古的装饰相匹配，青梅巷的菜品也是老成都的传统川菜。

　　第一道凉菜陈皮兔丁就让人惊艳，用青花瓷小罐盛着，红红的辣椒面配上一根翠绿的香芹，看着相当养眼，通红的红辣椒之间藏着兔丁，色泽红亮，鲜香入味，麻辣适度，叫人胃口大开。若是配上一壶小酒，滋味定是更加不凡。

　　石锅老豆腐细嫩顺滑，上汤娃娃菜鲜香味美，这两道小菜都很有水平。

　　唐伯虎点鳅香这道菜听名字很有创意，上来一看，原来就是水煮泥鳅，红彤彤一盆，和这样复古小资的氛围却并不违和，夹筷一尝，鲜辣爽口。

　　还有一道名为"营养快线"的菜品也很受大家欢迎，做法有点像传统川菜里的锅巴肉片，一个半球形锅巴完整覆盖在玉米浓汤上，服务员会拿小勺把锅巴敲成小块，汤色金

1	2
3	4

1. 水煮泥鳅在这里有一个很巧妙的名字——唐伯虎点鳅香
2. 青花瓷小罐盛着陈皮兔丁，色泽红亮，鲜香入味
3. 茉莉花冰粉的味道和它的名字一样美好
4. 金黄浓郁的营养快线

黄浓郁，锅巴直接吃香脆爽口，在花生、红豆的汤里再泡一泡，又是另一种绵糯口感。

　　不得不提的还有这里的茉莉花冰粉，精致的青花瓷罐，冰粉上面覆盖着葡萄干、山楂等干果，酸甜适中，冰凉爽口，是一道视觉和味觉都非常丰富的四川特色甜品。

　　难得一家餐厅能够把情调和口味结合得这么用心，价位也适中，特别适合情侣、闺密和年轻朋友的小聚。用餐结束后不妨小坐闲聊，在这样具有复古风情的地方，谈笑间时光渐行渐远。

餐厅资讯

- 地　　址：成都市青羊区提督街99号恒大广场The One购物中心四层4003号
- 电　　话：028-81473767
- 人均消费：60元
  特色推荐：陈皮兔丁、唐伯虎点鳅香、营养快线一直以来大家都有种错觉，认定火锅店必定是喧嚣和嘈杂的，烫火锅也是一件跟优雅没有丝毫关联的事。没错，火锅原本来自长江三峡纤夫汉子的创意，他们大块吃肉，大碗喝酒，从而让豪爽和热情一度成为火锅的代名词。不过，如今这个时代，没有什么是不可能的，而火锅原来也有优雅的吃法。置身园林间，风雅谈笑煮火锅，已从不可思议变为现实。

园里火锅

——闲坐清幽园林，优雅烫起火锅

餐厅特色

◎ 中式园林风格

◎ 小时候味道的炒饭和冰粉

◎ 五星级大厨制作的高颜值、好味道甜品

从城市规划师到火锅店老板

如果你知道这家火锅店的老板曾经的职业是城市规划师，或许就不会对这里的独特环境这么吃惊了。作为一名资深吃货，老板米罗投资600万元，耗时半年，对店铺进行精心设计，用古典园林、城市规划、现代心理学等相关理论打造了这个犹如园林一般的火锅店。据说，老板的灵感来自安藤忠雄大师，即用最简单的语言诉说故事。

其实在园里之前，米罗就已经拥有另外一家名为"清心"的成功的火锅店。清心的成功经营曾在成都餐饮界掀起一阵风潮，让大家第一次知道，原来火锅也可以吃得这么优雅。为了营造更为优良的环境，米罗毅然关掉生意很好的清心，专注于这家可算是"清心火锅"2.0升级版的园里。他曾花费一年时间，认真考察川渝火锅的各种配方。现在的园里火锅，不仅是一个可以吃到好味道的火锅店，更是一个食客们可以舒心交流的空间。从设计到餐饮，这个转型跨度极大，但又非常成功，无疑是一段食界佳话。

与其说这是火锅店的等位区，不如说更像一间惬意的咖啡厅

参天大树营造出古典园林的氛围

1 | 2　　1. 大厅的座椅宽敞优雅
　　　　2. 包间布置巧妙，适合朋友间聚会聊天

犹如置身园林会所

尽管火锅店的位置在绕城外，听上去似乎有点遥远，但地铁直达也还是非常方便。火锅店位于一幢商务大厦的三楼，门脸并不起眼，可是当你走出电梯，打开门的一瞬间，俨然走进了一个清静的园林会所！如果不是事先知道这是一家火锅店，难保会误以为是喝茶看书的好地方。

园里追求一种心宽即地阔、悠然见南山的境界，不似都市嘈杂，只有诗酒花茶。店内入口的左边有一个很宽敞的等位区，等位区有个很吸引人的甜品柜，据说都是五星级大厨的作品，有榴梿千层、蓝莓蛋糕等，对于甜品控来说，这简直就是难以抗拒的诱惑。往右走就是火锅区域了，第一感觉就是宽敞、优雅，座位间距非常大，完全不像普通火锅店逼仄和嘈杂的格局。山石、影壁、漏窗、框景，蜿蜒曲折的通道，木质参天大树，完全是以古典园林的审美来打造的现代餐馆。

除了宽敞优雅的大厅座椅，不得不提别致的包间。店内15个半开放式的大小包间，对应不同的主题设计，如一醉、忆、庄生梦、遇、迷、不须归、琥珀光、花语台，巧妙地运用了玻璃、木格、布帘等半隔离物件，既保持与外界的交流，又隐蔽了自己的空间。

店内的绿色植物赏心悦目

好装修同样有好味道

以前大家总有一种错觉，好的装修八成没有好的味道，但在园里火锅，二者得到了和谐统一。味道醇厚的锅底、辣而不燥的风格是典型的成都火锅口味，电磁炉加热，空气中没有很浓郁的味道，不重口，但吃起来却特别香。锅底越煮越有味道，难得的是直到最后也不会犯苦，吃过之后也不会烧心辣胃。

一定要推荐几道招牌菜品。其一叫作"本味牛肉"，选取了牛身上最细嫩的部位制作而成，每头牛只有15斤肉质达到要求。厨师把每一片切成1.5厘米厚薄，经过鸡蛋和纯菜籽油的包裹，锅中烫18秒就熟，吃起来香嫩无比。其二是独创菜品"麻辣脆"，目前为止还没有在别的火锅店发现过这道菜，这道菜是用新鲜猪肠码料两小时制作而成，猪肠完全吸收了调料的香辣之味，下锅15秒即食，脆、嫩、鲜香可口。其三叫"爽口牛肝"，厨师用当日运抵的新鲜牛肝片成1.5毫米的薄片，每一片提起来都能够透过牛肝看到对面的光线，薄薄的牛肝环绕一颗生鸡蛋摆放盘中，就像一朵盛开的美丽花朵，下锅前把鸡蛋打散，用牛肝裹上鸡蛋后再下锅，这样不但能去除腥气，口感还特别嫩

1 | 2　　1. 麻辣锅底味道醇厚，辣而不燥
　　　　2. 火锅沸腾了

滑。其四是"极品毛肚"，凌晨现杀的牛新鲜运来，不加防腐剂直接冰镇，厨师还会随服务员来到食客桌前，当面演示剪毛肚，仪式感十足。香菜丸子也颇为考究，原料肉按照6：4的比例，再加入贡菜、藕丁、香菜、鸡蛋、香菇等配料，丸子在煮熟后细嫩适口，不硬不柴。还有一道本来很普通的血旺，香辣嫩滑，好吃得让人久久难忘。除了这些菜品，作为特色饮品的酸梅汤也是用自有秘方精心熬制而成。

如果前来吃饭的人较少，作者强烈推荐店内的双人套餐，避免了人少菜品种类不全的尴尬，一次性品尝到15种菜品，还有折耳根蛋炒饭和酸梅汤，老板实在是贴心。

园里的小吃和饮品做得也相当有水准。特色的心仪蛋炒饭，里面加入了鱼腥草、芽菜、酱油、煳辣椒等各种配料，颗粒分明，就算火锅吃饱了也能够再吃下一碗。还有不得不提的园里冰粉，晶莹剔透的冰粉配上香浓的花生、芝麻和秘制醪糟，香辣的火锅之后来一碗冰粉，那感觉真是赛神仙。

服务员的素质也值得称道，包间里面有服务、点菜、买单等按铃，服务员轻声细语，面带微笑，服务主动热情，帮食客下菜、换盘碟等都非常频繁，而且很有耐心。我只能说，园里实在是一个既适合商务宴请又适合朋友小聚的绝妙清雅之地。

餐厅资讯

- 地　　址：成都市武侯区天府三街大源国际中心B1栋3层
- 电　　话：028-61125050
- 人均消费：130元
- 特色推荐：本味牛肉、麻辣脆、爽口牛肝、极品毛肚、园里
　　　　　　冰粉、心仪蛋炒饭

远山炭火火锅

——来自大凉山的生态美味

"远山叠翠如含笑，春水绿波映小桥。绿荫深处闻啼鸟，柳丝儿不住随风飘。看此处风景甚妙，空有丹青难画描。"每个人的心里都有对远山的向往，尤其是在人潮涌动的大城市中。走进这家火锅店，光是名字就让人联想到清幽的原始森林，还有翠绿群山。来到这里的食客会收获上可追溯至大清乾隆时期的紫铜火锅，纯正地道的大凉山生态食材，一种完全颠覆普通红油火锅的体验，仿若烟雨江南的温婉气息，水墨徽州的诗情画意。

餐厅特色

- 历史悠久的西昌传统紫铜火锅
- 大凉山生态食材
- 清幽雅致的就餐环境

环境清幽，恍若走进江南竹林小院

还没进店，就被门口极具设计感的店招吸引，黑白典雅二色，字体古朴传统，配以顶尖的设计，富有古典韵味。绕过简单的门厅，恍惚走入了一个江南风格的竹林小院。

成都人具有非常浓厚的院坝情结，冬日晒太阳，夏季乘阴凉，在院坝喝茶，在院坝吃小龙虾，在院坝吃火锅。尽管这里没有院坝，设计师却巧妙地利用建筑层叠、出入有致、空间交错、明暗通透的建筑原理，营造了一个竹林院坝的环境。一组组写意江南的小品构筑了远山火锅的整体空间形态，让食客坐在室内却能感受到院坝的乐趣。青黑石板的地面，江南意境的建筑，贯连有秩的窗洞门廊，竹林小景，风古旧木，还有大厅中间那棵枝丫重叠、穿顶而立的大树，形成了写意和洒脱的场所气质。尤其最爱卡座大玻璃窗外那摇曳的婆娑竹影，还有卡座窗洞的设计，别有洞天却又互不干涉，穿过层层六棱窗洞，可以看见邻座食客在门洞中的身影，因此远山也被食客们戏称为"火锅主题照相馆"。

火锅店大厅仿佛一个江南风格的竹林小院

　　秉承原生态的理念，这里的餐盘也基本选用自然之物，譬如石头、瓦片、竹筒、簸箕等，甚至连桌子也经大理石特殊处理。装菜的盘子据说是从原始森林河床上淘来的重达二三十斤的鹅卵石和竹篾子，桌子上盛放油盐酱醋的容器也是插在鹅卵石中的试管。这里的餐具无不透出来自大凉山深处的质朴气息，充满古风古韵的装饰和桌椅，雅致至极的用餐环境，与中式传统火锅店的嘈杂形成鲜明对比。

纯正生态食材 地道炭火火锅

　　落座片刻，一口锃亮、微泛红光的铜锅就端了上来。远山最具特色的就是这一口锃亮的紫铜炭火锅，据说历史最早可追溯到清乾隆年间。

　　锅底分为多种口味，有清汤也有红汤，其中原味锅底很受欢迎。翻开远山菜单，一道道源自大凉山的精选食材让人眼前一亮：黑山羊、跑山猪、院坝鸡、腊香拐、邛海贵妃鱼、黄牛肉，还有各种原生野菜和山珍菌类。农家院坝鸡、丸子、牛肉、火腿一起熬煮，配以玉米、胡萝卜、藕块，诸多食物一起在炭火高温下翻煮，汤色香浓，飘香四

置身翠竹环绕的半封闭包间，顿生幽静之感

1 | 2 | 3 / 4 / 5

1. 翠绿的爬山虎与斑驳的墙面相映成趣，格外雅致
2. 桌子上盛放油盐酱醋的容器是插在鹅卵石中的试管
3. 各式小菜很精致
4. 紫铜火锅据传起源于大清乾隆
5. 院坝鸡和腊香拐的混合锅底香味醇厚

溢。五种蘸碟也各具特色，有鲜椒、姜汁、干碟、酸辣和牛肉。这里有十多种野生菌类和20多种野菜，吃完肉之后，可再配以素菜解油腻。

在大口吃肉之前，千万不要忘记先喝汤。店家备好制熟的黑米，加上葱花放入汤碗，用汤勺舀出汤水淋上，白锅完全突出了生态食材的本味，尤其适合寒冷的冬天，一口汤下去，暖心又暖胃。

店里还有一些特别的野菜，譬如凉拌石花、树花，它们都是寄生在原始森林树干上的野菜，生长在无污染的环境之下。石制餐盘盛着凉拌树花、凉拌石花，色泽晶莹，食之甘脆。

　　店内还有一家冷鲜超市，里面全是来自西昌的特产，食客可以就近买回家。而近旁的FM烧烤啤酒馆则是品尝西昌最具特色的串串烧烤的好地方。如果来晚了赶上排队，还可以在FM酒吧小坐片刻，在夜风中品一口德国啤酒。

餐厅资讯

■ 地　　址：成都市武侯区玉林西路167号
■ 电　　话：028-68392228
■ 人均消费：75元
■ 特色推荐：原味炭火火锅、酸辣蘸碟、腊拐肉、凉拌树花

广州

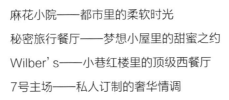

麻花小院——都市里的柔软时光

秘密旅行餐厅——梦想小屋里的甜蜜之约

Wilber's——小巷红楼里的顶级西餐厅

7号主场——私人订制的奢华情调

麻花小院
——都市里的柔软时光

麻花小院，一个隐秘小院落里的文艺餐厅，有滋有味，有声有色，对文艺青年来说有着致命吸引力。小院儿是安静的，店主Mini和何哥也是安静的，矮墙爬满绿色藤蔓，屋内流溢云南特有的香薰，坐下来品尝几道私房菜式，恍如时空倒错，又将你带回古城慢时光，回味一段难忘的旅行……

餐厅特色

◎ 小院里种满各色绿植
◎ 店内装修富有丽江风情
◎ 混搭风格的私房菜式

闹市里的静谧小院

麻花小院所在的育蕾小区，身处天河城、正佳广场等大型购物中心组成的天河南一路商圈，这里原本是随着第六届全国运动会而兴起的大型住宅区，后来成了广州市"住改商"的经典之作，2009年8月，天河区政府确定将天河南改造为"欧式小镇"，小区内靠近大街的一楼几乎全部变成了店铺。

虽然与天河城仅一条小马路之隔，后街窄巷，商铺密集，天河南一路却是出了名的"小资圣地"。绿树成荫，环境优美，各式特色小店林立，不过，像麻花小院餐厅这样有着美丽院子的店铺却也不多见。夜色降临，穿过天河城一带璀璨艳丽的灯火，踱步到麻花小院，长条木案上一壶上好清茶，木门半掩，乐声喑哑，偶尔还有猫咪在脚边蹭几下示好，这样的场景，让人禁不住想起那句"长的是深夜，短的是人生"。

小院面积不大，曲径通幽，篱笆墙绿荫掩映，有藤蔓植物懒洋洋趴在上面，不急不

绿植掩映的小院门口

慢地长着。雨天的时候，那些藤蔓似乎更是翠色欲滴，映衬得麻花小院那块灯箱招牌越发艳红。篱笆旁的原木花槽里，开满各色鲜艳的花。院儿里还有一棵木槿树，花朵朝开暮落，独自美丽，不张扬，不喧闹，安静地守候着自己的那道风景。据说有些花也会被直接摘下，洗干净放在盘中做装饰。小池子里养着锦鲤，阳光透过枝叶散入水中，点点光晕轻舞，散发出闲适慵懒的味道，以及淡定从容的生活气息。

回望丽江的柔软时光

餐厅内部空间不大，纳西族东巴象形文字和丽江风情的摄影作品随处可见。吧台旁摆着一组纳西族工艺品——瓦猫，大大小小足有15个之多。墙上挂着一幅硕大的莲花图案藏式木雕装饰画，手法洗练，空灵洒脱。店里的桌椅都是旧原木制成，不加装饰，每张卡位沙发的拼顶位置都覆盖一整张山羊皮，紧致厚实，仿佛带着时光的温度。店里摆着很多从云南淘来的工艺品，纳西吞口挂件、纯棉蜡染装饰画、东巴土陶风铃、纯手工彝族老绣片……

瓦猫和莲花图案藏式木雕

店内装饰极富民族风情

看得出来，店家在极力还原丽江的风貌。多年前，Mini曾在丽江开过一家同名客栈，后来因为种种原因回到广州，但那些彩云之南的夜晚，慵懒而欢愉的记忆，却长久地占据心田，挥之不去，后来好不容易找到这个带着院子的小地方，就有了广州的这间麻花小院。

停下脚步，慢享私房生活

如果你以为装修风格很云南的麻花小院，出品的也会是地道的云南菜，那你就大错特错了。

何哥是麻花小院的主厨，他每天都在这里琢磨、试验，混搭出许多富有创意的菜式，让人惊喜不断。

手撕枕木牛肉，这是店里的一道"广州只此一家"的招牌神菜。牛肉条黑黑硬硬的，一条条摆在一起，看上去就像一堆枕木。坐在小院的原木长条桌上，就着昏暗的灯光，要一碟手撕枕木牛肉，用手沿着纹理轻轻撕开，一条一条细细品味，看似平常的牛肉，吃起来带着浓郁的卤水香气。如果嗜辣那就再好不过了，何哥会给你一碟正宗云南辣椒粉，浓烈辛辣混搭沉郁卤水，纠缠交织的感觉真是神秘又迷人。

利用走廊改建的区域，顶棚上的麻布装饰是亮点

1 | 2　1. 腌鸭胸肉沙拉
　　　2. 店主人何哥特调的柠檬金橘特饮

　　芝士焗红心薯泥，这道薯泥里的土豆是专门从云南空运回来的新鲜红心土豆，外形看起来有点儿像萝卜。何哥的这道菜，表面是厚厚的马苏里拉芝士，下面是软糯薯泥，奶香浓郁，口感鲜甜，超完美的搭配，让人欲罢不能。

　　迷金，一款何哥自创的香草鸡尾酒，里面有法国白兰地和柠檬汁，加入加里亚诺香草酒和白柑橘香甜酒等共同调制而成。这款香草酒的味道非常特别，浓香四溢，回味悠长，颜色金黄绚丽，在光线的映射下，真有点纸醉金迷的感觉。

　　麻花，何哥以小院名字命名的自创鸡尾酒果冻，用白朗姆酒、红石榴糖浆、薄荷酒调制而成，色泽瑰丽，层次非常丰富，酒味很浓郁，口感却是冰冻爽滑的啫喱，缤纷的颜色非常惹人喜爱。

餐厅资讯

■ 地　　址：广州市天河区体育西横路育蕾三街8号
■ 电　　话：020-85591023
■ 人均消费：80元
■ 特色推荐：手撕枕木牛肉、芝士焗红心薯泥

秘密旅行以其梦幻花园般的环境俘获了无
数都市女人心，被誉为广州"最适合闺密聚会
的餐厅"。餐厅门前的招牌上写着"时间是用
来浪费的"，如果将时间浪费在这样一间精致
美好、犹如"梦之小屋"的餐厅里，在这个生
活节奏快如疾风的城市，的确是一种难得的
享受。

秘密旅行餐厅
——梦想小屋里的甜蜜之约

餐厅特色

○ 浓郁欧式复古童话情调
○ 菜品选材讲究，价格亲民

童话小屋

秘密旅行现在有三家店，分别是江南西路的pink店、中山三路的villa店和体育西路的vintage店。pink店年份最久远，走的是森系田园风，villa店似中古少女，vintage店就是升级版，带有更为浓郁的欧式贵族气息了。

pink店坐落在江南西路紫丹大街上，粉红色的外表相当惹眼。店内设计以绿色和蓝色为主色调，绿色木质墙壁、白色窗框和三角形"屋顶"，呈现出欧式田园住宅的轮廓。大厅正中一棵挺拔绿树直出屋顶，树上挂着各式小巧鸟窝，田园气息自然、清新，扑面而来。白色小栏杆将大厅分割成若干就餐区域，墙上错落装饰着形制优美的吊篮、绘有小鸟图案的大挂钟、小鹿挂饰和养眼的植物，墙角还有花色漂亮的木柜和一些摆件，构建出一处风情独具、休闲舒适的"小花园"。pink店有主打粉色系的"公主房"和用色稍偏中性的"王子房"。"公主房"里有可爱的布谷钟、衣帽架、镜子和各种色彩明丽的挂画和装饰，"王子房"则用箱形墙饰及刀叉艺术墙画营造出另一种氛围。

单是门口的风景便已让人惊喜不已

villa店在中山三路仁兴街的一处红砖老洋楼里。推开黑漆大门，沿着砖红色台阶拾级而上，仿佛进入了另外一个世界。大厅中间最引人注目的是旋转木马，被安放在一个圆形地台上，正对的天花板上悬挂着一面六边形镶木边的镜子，色彩华丽。陈旧木地板、木家具、木楼梯、木质双开窗，加上墙面上泛黄发旧的相框，仿佛进入了童话世界里外婆的小屋一般。二楼特别设计了一个玻璃花房，暖暖阳光洒在安静的麋鹿身上，错落有致的植物令整个花房生气勃勃。高雅的永生花与锈迹斑驳的时钟，让人觉得时间仿佛停滞在了这一刻。

vintage店被赞为"高颜值美店"。原木的桌椅，巧克力色的吊灯，如果你以为整个色系给人老态龙钟的感觉的话，那就大错特错了。一架比villa店更大的旋转木马轻而易举就扭转了乾坤，小窗前花团锦簇，颜色鲜艳的欧洲风配件、造型优雅的铁艺饰品，古典高贵的气质散发在餐厅的每一个角落，让人如同沉醉在巧克力和牛奶的美妙交融中，温馨甜蜜。相比之下，vintage店的混搭风格更为成熟，复古中式旗袍玫瑰首饰架、仿西洋古花瓶、铁艺彩色玻璃吊式烛台、尼泊尔手工雕花底座串珠台灯……这些物品聚集在一起，看似繁杂，却已经超越了装饰的境界，变为对经典全身心的诠释，因细节出众，所以非常耐看。

这一桌座席直接安排在旋转木马的地台上，头顶的镜面充满童话色彩

仿佛丹麦童话里的庭院

1 | 2　1. 公主房
　　　2. 美丽的角落，美丽的心情

甜蜜之约

　　秘密旅行的老板兼设计者思薇和她的合伙人阿敏是闺密，两个人都非常喜欢旅行，走过很多城市之后，她们开始修筑心目中的梦想小屋。秘密旅行的灵感，完全来自于这些年的旅行和感悟，那些在旅行中零零星星带回来的特色装饰品都派上了用场。

　　秘密旅行的三家店都以西餐为主打，所有出品皆卖相迷人，下午茶特别是自创甜品十分受欢迎。

　　棉花糖冰激凌咖啡，是一款很特别的甜品，集视觉、味觉于一身，一经推出就成为店里最火爆的甜品。刚被端上来的时候，它是一枚大大的棉花糖，但内里却藏有乾坤——将咖啡洒在棉花糖上，雪白的糖体开始慢慢融化，露出了包裹在里面的软糯雪糕塔。棉花糖的柔软、咖啡的苦涩、雪糕的冰凉甜蜜，这种奇特碰撞，带给味蕾一次意想不到的秘密冲击。

1 | 2 | 3 | 4

1. 棉花糖冰激凌咖啡
2. 甜蜜派对蜜糖吐司
3. 摩天轮拿破仑
4. 缤纷水果冰激凌松饼

　　甜蜜派对蜜糖吐司，用吐司做底，上面是白色的雪糕球，表面再铺上白色的奶油，看上去就像一座小雪山，加上草莓和巧克力酱做装饰，复古优雅，很有视觉享受。

　　秘密旅行无论是环境还是菜品都让人称赞，而餐厅的价格也非常亲民。午餐和下午茶优惠套餐都相当给力，人均下午茶消费只需20元左右，晚餐也只需50元左右，而通常一份20元的套餐就含有一份黑椒牛柳意粉和一杯鲜果茶，且分量一点也不打折扣。

餐厅资讯

秘密旅行pink
- 地　　址：广州市海珠区江南西路紫丹大街46号
- 电　　话：18924164849

秘密旅行villa
- 地　　址：广州市越秀区中山三路仁兴街18号（中华广场旁）
- 电　　话：020-83822696

秘密旅行vintage
- 地　　址：广州市天河区体育西横街144号首层
- 电　　话：020-38475815
- 人均消费：50元
- 特色推荐：吞拿鱼薯仔头、摩天轮拿破仑、棉花糖冰激凌咖啡

Wilber's
——小巷红楼里的顶级西餐厅

Wilber's 掩映在东山竹丝岗二马路的绿树浓荫之中，藏身于一栋老房子里。树影婆娑，庭院安静，旧屋华美，古希腊廊柱，哥特式圆拱，淡淡的米黄色墙面，宽大玻璃窗前盛开着百合花，复古式绒面沙发，厚实稳重的黑色餐桌，视线所及之处都是大隐于市的奢华优雅。

餐厅特色

- ◎ 优雅的园林式风格，文艺气息浓郁
- ◎ 菜品精致，大厨精选餐单
- ◎ 只在周日供应的Brunch性价比很高

欧美复古风情

　　Wilber's 餐厅由三层民国小洋楼改造而成，一楼有小院，二楼有超大露台，三楼出庭还有一个不小的平台可提供烧烤。清水砖墙，传统水刷石，翠色竹林环绕欧式风格庭院，一条镶嵌鹅卵石的红砖小路，将客人引到小楼的西式拱券门前。

　　餐厅里没有很烦琐的设计，也不过于奢华。一楼前室设有吧台，吧台后的墙壁上手工镶嵌了许多放射状排列的古铜管，复古又具先锋气息，据说，这个设计的灵感是从管风琴的音管得来的。通往二楼、三楼的楼梯墙壁上，有精美的复古手绘海报，略带些百老汇色彩，虽然楼梯并不宽大，却因为空间感而更具格调。三楼墙上的装饰品是一行行字母，都是些经典老歌里脍炙人口的歌词，被设计师节选出来，变为相当有创意的室内装饰，大小不一地装点着视野，使得整个空间流淌着浓浓的文艺气息。因老板杜源申先生是芭芭拉·史翠珊的忠实粉丝，所以从三楼楼梯间开始一路往上，全部都是芭芭拉的

东山小洋楼，主人将餐厅外观整体刷成了白色

餐厅前台，吧台后的铜管背景墙

1 | 2 | 3　　1. 在这样美丽景致的陪伴下，就餐的心情也会非常愉悦
　　　　　　2. 三楼一角，墙上挂满了芭芭拉·史翠珊的照片
　　　　　　3. 顶楼聚餐区，非常有设计感

黑白大幅照片，四楼甚至有一整面墙挂满了芭芭拉的电影、宣传海报，而充满欧美复古风格的画框也让餐厅满溢精致和优雅气息。

私厨小天地

　　Wilber's 的现任行政总厨名叫Jack Hoo，胡文俊，是一个土生土长的广州靓仔。虽然刚刚30岁出头，却已做了十多年的西厨，从点心师到意式私房菜再到无国界料理，一直致力于创作给味蕾带来惊喜的美味。

　　龙利鱼墨鱼汁意大利面是Jack Hoo创制的非常受欢迎的菜式之一。Jack别具匠心地将墨鱼汁与意大利面融合，面条端上来的时候乌黑发亮，虽然用了芝士做调味，却没用寻常的焗烤，而是直接刨丝拌入，既做到了最大限度保留芝士的醇香，又做到了和味而不突兀。搭配的龙利鱼是现场火焰烧炙的，非常具有仪式感，鱼肉表皮香脆，肉质细腻，营造出了全新的味觉体验。

　　烤大虾配香草大葱汁及椰菜花蓉，从越南进口的大虎虾，虾头和虾身是两种风味。虾头采用日式天妇罗的做法，加入蒜头和洋葱炸到金黄酥脆，底下铺着椰菜花蓉。虾身则是用白葡萄酒、胡椒和蜜糖整整腌渍一夜，加入京葱汁和芝士、香草慢火炒香，京葱汁的香

龙利鱼墨鱼汁意大利面

能很好地带出虾的鲜味，吃的时候挤上一点柠檬汁，味道更好。

Wilber's 的沙拉也相当不错，品种丰富，摆盘错落有致，荤素食材都非常新鲜。除此之外，还有每天新鲜现制的手工巧克力，口感细腻，造型可爱，口味也很多。

爱一座城，留一份情

Wilber's 的创始人杜源申先生是香港人，不过他已经在广州生活近30年，已经彻底地融入了广州，成了个地道的"老广"。

杜源申的身份多且杂，专业会计师、香港商会会长、普华永道广州合伙人、西餐厅老板、画廊经营者……他给自己的定义是贪心、贪玩，因为感兴趣的东西实在是太多了。杜源申在大学期间还进修过话剧，后来之所以转读会计，理由很简单：虽然喜欢艺术，但艺术不一定能当饭吃。由此可以看出，杜源申是一个集理性和感性于一身的人。正如经营Wilber's 一样，这并不是某种转型，而仅仅是为他感兴趣的事情增加了一个名目而已。

2013年7月，杜源申在广州发起并成立了伟博儿童福利基金会，并捐出200万元作为基金会的启动资金。杜源申还计划把自己名下的Wilber's 餐厅等相关企业都捐给基金会，用企业的收入支持基金会持续运转。

杜源申自称"广州死忠粉"，他说："我喜欢在广州生活，语言没有障碍，文化也与香港相似，更重要的是，这里的人要真诚不少。因为爱这个城市，所以乐于为她多做点事。"

餐厅资讯

- 地　　址：广州市越秀区竹丝岗二马路62号（近农林下路）
- 电　　话：020-37611101
- 人均消费：300元
- 特色推荐：龙利鱼墨鱼汁意大利面、烤大虾配香草大葱汁及椰菜花蓉

7号主场的前身是Casa Louisa西餐厅，2008年开业，2014年重新装修之后更名为7号主场。同样是欧式奢华情调，同样是高档西餐，相比之下，Casa主打情侣约会，轻盈纱帘、金色烛台，炫目且迷幻；而7号主场走的是绅士路线，简约有品质，极富英国工业时代的浪漫主义情怀。其中的嬗变就像一个男人的成长，年少时纵然五官俊美、气宇轩昂，举手投足间却总是盛气逼人，浮躁急进，待历练人生，终于长成了高雅绅士，懂得低调内敛，反倒显出睿智大气。

餐厅特色

- 由两栋上百年历史的洋房别墅连通构成，低调奢华
- 规模惊人的专属酒窖，收藏了许多价值不菲的年份葡萄酒
- 餐厅所在的小街浪漫宁静，极适合散步慢骑

时光造就的低调内涵

7号主场在老东山的保安前街上。这是一条古老的小街，街道两旁种着洋紫荆和鸡蛋花，民国风格的老楼映衬着粉嫩的花朵，让街道别有一番韵味。

7号主场所在的3-5号，是两栋三层高的红房子老别墅，虽几经修缮，但很大程度上还是保留着她百年前的模样。据说，2014年修补外墙时，为了搜集足够的老式清水砖，主人专门在其他地方买下了一间老砖房，拆下老房子的红砖运送至此。

两栋别墅被一道黑色欧式铁艺镂空花墙围起，一楼、二楼是营业区，加上院落和三楼天台，总面积超过3000平方米，平头正脸，廓落宽敞。平日大多数时间里，总是院

Merry Christmas

餐厅位于东山的红砖老别墅里

二楼的就餐区，巨大的金属雕塑装饰十分抢眼

门虚掩，并没有寻常餐厅迎来送往的热闹景象。白色大理石拱券门前，一棵杨桃树枝繁叶茂，据说至少也有上百年树龄。坐在树下的露天就餐区域，在夜幕烛光之间与微凉晚风之中大啖美食，真是一大乐事。

一楼的设计主题是"古堡"。五号楼一侧色调沉郁，装饰风格以黑色和红色为主打，外带些许金色元素。柚木地板搭配同色系桌椅，华丽的欧式吊顶，浅紫色光线，透明的质感，镀银金属烛台，考究气派的墙上挂满精美的油画作品。有意思的是，宽大的窗户保留了岭南满洲窗的特点，传统的木框架镶嵌套色玻璃蚀刻画，典雅秀丽，加上墙身的壁炉，混搭风格极为养眼。而三号楼一侧的空间则被设计成带有"私人书房"味道的就餐区域，一整面墙的到顶书柜，陈列了很多主人中学时代喜爱的武侠、日漫以及各种工艺品，怀旧色彩浓厚。

二楼的设计主题是"贵族"。虽然整栋别墅不过三层，却奢侈地安装了电梯，出电梯门到二楼，沿宽大走廊进入五号楼一侧，首先映入眼帘的，是一个巨大的金色皇冠造型，散布在皇冠四周的就餐区域面积在60平方米左右，常规仅设四张餐桌。与一楼的木质装修风格不同，二楼以地毯加软沙发为主，色调相对明亮。三号楼一侧是三间主题包房，分别为足天地、车世界和漫生活，其中后两间正常对外开放，而足天地主要用于私人聚会或商务洽谈。

宽大厚实的座椅

书架上陈列的都是主人的私藏品

1 | 2　　1. 肉质嫩滑的安格斯小牛肉，摆盘也很有特色
　　　　2. 冰火鹅肝，果然有两重天的体验

迷人的创意法餐

　　细细解读餐厅的名字，据说"7"是餐厅主人的幸运号码，而"主场"则是主人希望到访的客人、朋友能把7号当成自己的"主场"，如回家一样轻松自由舒适。

　　除了环境一流，7号主场的创意法餐也是有口皆碑。

　　黑松露野菌汤拌烟肉，选用上等野菌、花胶、鸡肉、赤肉等慢火熬制，最后加入松露茸，汤呈现可爱的奶白色，十分诱人。

　　风干火腿配香蜜瓜芦笋，看似简单随意，味道却是层层递进，咸咸香香的火腿裹着香脆蜜瓜，再加上芦笋的清新，口感非常丰富。

　　冰火鹅肝，一边是香煎鹅肝配法式黑醋，一边是速冻之后衬着冰块一起上盘的冰镇鹅肝，因为炮制时加入了百里香梗、薄荷、鼠尾草等多种香料以及白兰地，因而口感极为丰富，配上法式柠檬果馅饼，吃这道菜就好比一场给予味蕾的奢华盛宴。

　　白葡萄酒煮青口，把贻贝和法式炸薯条放在一起享用，这在法国非常流行。青口做法看似简单，但原料却丝毫不马虎，除了洋葱、蒜片，还有百里香、柠檬片、海盐、鲜奶油、白葡萄酒、胡椒粉，小小的一锅青口，淡淡奶香，酒汁浓郁。香草和柠檬去掉了青口的腥味，白葡萄酒汁的清新果味和鲜美柔嫩的贻贝肉，堪称绝配。

餐厅资讯

- 地　　址：广州市越秀区达道路保安前街3-5号
- 电　　话：020-87658961
- 人均消费：196元
- 特色推荐：黑松露野菌汤拌烟肉、风干火腿配香蜜瓜芦笋、冰火鹅肝、白葡萄酒煮青口

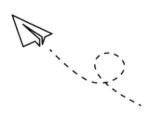

深圳

探鱼——一条烤鱼的文艺时代

深湖记——有趣的全天候新派潮汕餐厅

胡桃里——深圳著名音乐餐厅

青朴落——华侨城里的私家藏馆

探鱼
——一条烤鱼的文艺时代

自2013年探鱼首家店落户深圳，便一路走红，如今已在深圳开设多家门店。这家被食客们誉为深圳"最文艺"的烤鱼店，不仅开创了炭火烤全鱼全新的呈现形式，更重要的是在美食之外，为顾客营造了一种独特的情怀。

餐厅特色

◎ 充满70后情怀的装修风格，贩卖童年旧物的文艺小店

◎ "活鱼现杀，炭火现烤"，仅烤鱼就有19种口味

◎ 烧烤、前菜、小吃甜点、自制饮品等也很出色

◎ 每月都会有数十款甚至20余款新品上市

贩卖的是一种趣味

探鱼的"探"是取自炭火的"炭"的谐音。这家把街边小吃搬进购物中心的特色烤鱼店，曾创造排号最高峰排到1000号的历史纪录，让餐饮界人士为之惊叹。据说，探鱼现在每天仍稳定保持着很高的客流量。

用咖啡馆的格调做餐厅，用艺术家的气质卖烤鱼，探鱼就是用这种方式，把路边摊变得高大上。

CHARCOAL GRILLED FISH
WWW.TANYUCHINA.COM

餐厅一角，很有格调

无所不在的鱼的形象

探鱼的所有分店都开在购物广场内，混搭复古的装修风格刻意与充满现代元素的商场截然不同——门头用整块自然上锈的钢板，搭配水泥地板，工业感十足。陈旧古木、深色金属架，置物架上摆着老旧大块头小屏幕电视机、收音机和小人儿书，煤油灯、蝴蝶牌缝纫机机头，巨大的木质书架、木质桌椅、古拙杯盘，昏黄的灯光照出了旧时光的味道，店内的电视机也只播两部动画片——黑猫警长和葫芦娃。

但你要因此将探鱼简单归类到"复古"情怀，那就大错特错了。这里有怀旧情结，但更多的是"长不大的玩乐心"，橱窗和墙壁上的涂鸦，都是长相怪异的大鱼、各种印象派画作，门店外摆着20世纪流行的卡带游戏机，一群西装革履的"大孩子"围着玩超级玛丽、魂斗罗，那股认真又开心的劲头，让人忍俊不禁，而餐桌上的小猫碗碟以及盛着艳红果脯的鱼形碟，又特别讨女生喜欢，鱼形灯、鱼形碟、鱼画、鱼旗……我只能说，探鱼彻底把"鱼"玩得文艺了。

将烤鱼做到极致

探鱼的主打菜式是烤鱼，可以说，他们已经把烤鱼做到了极致。

探鱼的烤鱼使用炭火，不会为了求快而采用市面上普遍使用的油炸、电烤等方式，活鱼现杀现烤，首先在炭火烤鱼炉内将鱼烤熟，根据对应的口味浇上炒制的料头，烤完10分钟内必定上桌，以确保鱼肉鲜美。

探鱼现在每天有19种口味的烤鱼来满足文艺青年的挑剔味觉，涵盖了辣、不辣、甜味、鲜味等多种口感，其中辣味是优选50多种辣椒和辣椒制品及调料分别调配不同辣度而成。为了保持辣不掩鱼香的自然美味，店家还针对性地对辣椒做了不同的处理，如有些辣椒是先煮后炸，有些辣椒直接用油酥，有些则用炒制，有的炼成红油等，务求口味多样，辣得有回味。

重庆豆花烤鱼是店里销量第一的明星产品，原料中有贵州山区原生态皱皮辣椒、山胡椒、薄荷、鱼腥草根等，口味椒香麻辣、纯正浓厚。这道烤鱼用的是清江鱼，比广东本地产的鲩鱼肉质鲜嫩，而用盐卤点制成的豆花比烤鱼还要香嫩，豆花上的小孔既浸透了鱼肉的鲜，又吸收了辣椒的辣，各种滋味融入，香麻可口，爽滑无比。最诱人的是，豆花还可以免费无限续加，因此常常是豆花抢了烤鱼的风头。

藤椒味烤鱼也是很多人喜欢的一道菜。烤盘端上来时，满满的青花椒覆盖鱼身，看着就非常养眼，扑鼻而来的麻辣香味，是酷爱四川麻辣口味的小伙伴们的不二之选。这个口味选择鲴鱼才是最佳，肉质鲜嫩，而且骨头少，尤其是鱼腹部位，全部是香嫩无比的"蒜瓣子肉"，鱼肉的纹理都看得清清楚楚。上桌之后先别急着下筷，要煮上几分钟，让鱼肉充分吸收汤汁的咸香麻辣，吃起来口感才是最佳。

1 | 2　　1. 酥香软糯的鸳鸯糯米卷
　　　　2. 热气腾腾的烤鱼

创新才是生存之道

　　探鱼不仅有19种烤鱼口味，还有自创烧烤、前菜、小吃甜点、自制饮品等，也是深受吃货喜爱的"最佳配角"。鸳鸯糍粑是糯米控的最爱，一道满是童年回忆的美食，喜欢的就是糯米那独有的香味，独特的绵软粘牙感。探鱼的鸳鸯糍粑分了两层，第一层是原味，第二层是红豆沙味，表皮金黄，轻咬一口，满口都是焦香、软糯、甜蜜的味道，让人欲罢不能。榴汁藕冻是他们家的创新菜，以石榴汁和莲藕为主料，一入口，石榴汁的香甜微酸立刻溢满口腔，加上莲藕的软糯，个中滋味难以用语言形容。

　　探鱼还有一个特点，就是菜品的更新换代速度非常快，每个月都会有数十款甚至20余款新品上市，而每个月销量排名靠后的产品将会被踢出菜单。

餐厅资讯

- 地　　址：深圳市罗湖区宝安南路万象城四楼美乐汇美食广场内
- 电　　话：0755-22930006
- 人均消费：90元
- 特色推荐：重庆豆花烤鱼、藤椒味烤鱼、鸳鸯糍粑、榴汁藕冻

深湖记

——有趣的全天候新派潮汕餐厅

这家打破传统的新派潮汕餐厅，装修风格既"汕头"又"深圳"，用现代简约手法去诠释古老的潮汕文化，十分有趣，而且菜品精致，讨人喜欢，值得一去。

餐厅特色

◎ 环境简约而优美
◎ 早、中、晚三个时段供应不同品种的潮汕美食
◎ 有大厅，有明档，有满墙有趣的潮州话，还有接地气的价位

简单舒适的自在体验

一说到潮州菜，脑中闪过的不是高端宴请就是大排档，而深湖记却选择了最接地气的价位，环境和菜品依然保持了高水准。

深湖记的装修打破了传统潮汕火锅店的风格，选用别具特色的Loft风格，红砖、实木水曲柳、铁艺、仿木纹砖，200多平方米的店面，整体以原色实木板为主，而细节方面又处处体现潮州传统文化的影响力。天顶部的木板擦白做旧，四周围的红砖墙都是围绕对潮汕文化的怀旧情感而来，连过道中间的格子餐位，也是模仿潮汕传统木板阁楼。餐厅梁柱都用木板做装饰，设计师将有趣的潮汕方言词汇提取出来，做成小黑板嵌在梁柱上，每个角落都有，食客读完不禁会心一笑，再加上服务员大多来自潮汕，有人戏

深湖记的招牌简约而醒目

餐厅明档，透明、干净

餐厅一角，小黑板上都是好玩的潮汕话

称，多来几次都能通过潮州话考级了。

正宗潮州"家乡的味道"

深湖记的所谓"全天候"，并非24小时营业，而是指这里分早、中、晚三个时段，供应不同种类的食品。

$\frac{1}{2}$ | 3

1. 红豆椰汁糕
2. 九肚鱼卷
3. 芋头焗饭

　　早上是30多款精美的潮式特色点心，潮式水晶粿、红桃粿、萝卜芋头粿、咸水角、牛肉烧卖、九肚鱼卷……潮汕点心的多样化，也折射出潮汕人对食材的雕琢功力。特别是"粿"，是潮汕特有的一种米制点心，这简单的米食，在潮汕人手里玩出了花样。当那些造型可爱、颜色好看的点心，盛放在一个个精致小巧的木质食盒中端上来时，你便能深刻地体会到潮汕人的聪明和细腻心思了。深湖记的粿类里面，最受欢迎的是"春夏秋冬"四色粿，一个食盒里摆着四种颜色的粿，里面包的分别是包菜、韭菜、南瓜和胡萝卜，色彩丰富，造型有趣可爱，关键是味道好极了，大人小孩都很喜欢。

　　午市除了点心，主打各种潮汕粿条、面。和广州的河粉一样，粿条也是用米粉调成浆蒸成薄片，然后切成条状，因此很多人都说粿条就是广州的河粉。但实际上，粿条和河粉还是有差别的，粿条不像河粉蒸熟后要刷上油，因而更爽滑，更有弹性。对潮汕人来说，一碗家乡的粿条汤，除了粿条本身要好之外，搭配食材也非常重要，四宝、猪肚、牛杂，换一种食材就是一种味儿。深湖记新创的海鲜汤粿条，或许有人会觉得太过奇特，但因为加入了柠檬片，混入了东南亚元素，结果却让汤头的味道更鲜甜。

　　有人不喜欢吃粿条，没关系，可以选焗饭，这是潮汕地区远古时期就有的美食。深湖记的焗饭有海鲜、芋头和土豆三种，主材料之外，可搭配的食材就多了，有虾米、猪肉、菜头、腊肠、香菇、猴力（板栗）、地豆仁（花生）、胡萝卜等，一小煲足够三至四人吃，分量非常大，简直业界良心。

我们都是"黄牛党"

深湖记晚餐和宵夜的主角，是人们对潮汕美食的第一印象——牛肉火锅，这其中除了最少不得的手打牛肉丸之外，还有新鲜黄牛肉。潮汕人会吃似乎是天生的，各种食物到了他们手里，都能不失原味，同时还要吃出个讲究，黄牛肉火锅便是他们享受美食的一个缩影。深湖记的地贴和海报上都极其醒目地写着一句话："我们都是'黄牛党'"。

正宗的潮汕火锅讲究"清汤寡水"，和重庆火锅是截然不同的两种风格。老饕们都知道，"清汤寡水"实际上更考验功夫，除了食材要新鲜，汤底也必须文火慢熬，丝毫不能马虎。深湖记的鸳鸯火锅，就绝不是隔开两边锅那么简单——烫海鲜的汤底是用老鸭熬出来的，烫牛肉的汤底是用大牛骨煲出来的，仅此一项就已经看出其用心。

深湖记的牛肉采用上乘牛肉作为食材，不注水、无添加，当天新鲜活杀。店里专门设了明档牛肉档口，即点即切，匙柄、匙仁、脖仁、吊龙、肥胼、三花趾、五花趾……食客可以全程监督食材的制作过程，绝无作假。而海鲜就更是自挑自选，一进门两个大冰柜，里边都是海鲜食材，几乎所有的海鲜都是从渔港直接送到店里，丸子类更是全部从汕头空运而来。

晚餐的满足感除了来自食物之外，更重要的是相聚。亲朋好友围炉吃海鲜，烫牛肉，既满足了胃，又增进了相互情谊。不过切记，潮汕火锅最忌海鲜和牛肉一锅熟，一定要随吃随涮，一般十几秒就可以捞上来了。吃到后面，桌上空盘越摆越高，然而涮锅的清汤并不见非常浑浊，这才叫涮得一锅好肉。

餐厅资讯

- 地　　址：深圳市福田区福中一路深圳书城中心城北区二层N235号
- 电　　话：0755-88914248
- 人均消费：90元
- 特色推荐：牛肉火锅、潮式点心

胡桃里应该算得上深圳几家音乐餐厅里极为著名，而且分店最多的了。和音乐吧不同，它有正经八百的美食；与餐吧不同，它有高品质的音乐演出；和音乐餐吧还不同，它经常会有诗歌朗诵一类的活动。总之，所有文青、艺青、老饕们喜欢的范儿，胡桃里都有了。

胡桃里
——深圳著名音乐餐厅

餐厅特色

◎ 充满工业与怀旧等混搭元素
◎ 最接地气的重口味川菜
◎ 各类文艺聚会和派对从未间断过
◎ 音乐无时无处不在，特别是晚上九点以后，被称为胡桃里的精华时段

一个值得玩味的地方

把"胡桃"和"里"拆开，就是餐厅名字的由来。

胡桃，既是一种坚果，又是一种木材，还是一种颜色。胡桃木，浅黑褐色中带些紫色，弦切面为美丽的大抛物线花纹，用来做家具不仅成型效果好，而且表面光泽饱和，色彩丰富且饱满。因此，胡桃里的餐桌都是胡桃木的，高雅深沉，看得出年轮，却看不透其中掩藏的故事。

里，是上海弄堂、北京巷子的同类解读，摇滚青年多混迹于此，残酷才是青春，就像手中的一捧水，还来不及握住，就从指缝间流光了，音乐人汇集的胡桃里，谁敢说不是为已逝青春而做的纪念？因此，胡桃里充满了怀旧的气息。据说，来胡桃里的人，逗

餐厅招牌

留时间最久的纪录是12个小时。

　　胡桃里又是雅痞的，充满工业与怀旧的混搭元素。高举架、红砖墙，绿植出现在每个角落，甚至天花板上的吊灯都由绿植环绕。酒架上摆满了各色红酒，从门廊到吧台。墙上贴着很多与酒有关的诗词，比如，李敖的"有酒可要满饮，然后就去远行，唯有不等大醉，才能觉得微醒"，诗酒相伴，免不了又是一番文人的痴狂。而那些看起来每个都不一样的碗碟，又带了几许孩子气的促狭与调皮。

以文青的名义穿行其间

　　一到周末，胡桃里就满是文艺咖，活跃的、低调的，著名的、小众的，年轻的、中年的⋯⋯

　　所谓"雪茄、红酒、音乐、iPad，一个音乐人的夜晚"。在胡桃里消磨时光的模式通常都是这样的：先吃个简单的午饭，午饭结束，叫杯咖啡捧一本书，打个盹儿再悠悠醒转过来就是一个下午，然后就到了呼朋唤友的晚餐时间了，一桌子重口味川菜直吃得人涕泗横流。这边酒足饭饱尚待消食，中庭舞台上原创歌手的民谣又如期登场，而这个时候，抽一支雪茄、喝一杯酒就成了标配。

　　但据说开业三年间，胡桃里"精华时段"的风格也是风云变幻。郭翔时代的胡桃里，男神夜夜情歌唱不老，现场静心好音乐，质朴民谣永恒吟唱，有关青春与梦想，爱

請保管好您的隨身物品和您的男友!

陈列架上的各式小玩意儿充满文艺气息

落地窗前宽大座椅极合适在此发呆

$\dfrac{1}{\dfrac{2}{3}}$ 1. 餐厅内部

2. 音乐和文学是胡桃里的特色

3. 矮矮的沙发卡座，窝在里面很舒服

情与忧伤。后来到了惠雷当音乐总监的时期，午夜11点还是咆哮的摇滚节奏，难免让人热血沸腾，宁愿为此耗尽精气神。

我倒觉得，要想到胡桃里享受不插电的文青式慢生活，还是午后的时光最佳——暖洋洋的午后，独自一人或三朋五友，坐在那样别有情调的屋子里，隐约可现的音乐，摇曳婉转的灯光，一壶薰衣草或曼特宁，一本可心的书，日后，每当身心疲惫之时，你定然会怀念那样的时刻。

踏踏实实做物质美食

文艺馆子，通常给人的印象都是形式大于内容，环境有格调，饭食却总是差强人意。但胡桃里一定会彻底颠覆你对文艺餐厅的刻板印象。

胡桃里选择了最接地气的重口味川菜来衬托怀旧情怀，很大一部分原因，是因为创始人之一的郭翔就是重庆人。店家花重金请来四川颇有实力的后厨班底，酸菜鱼片、番茄酥肉汤、香菇菜心、川味卤拼、老妈蹄花汤……每一道都好吃到"会把别的馆子逼死"。

果木烤鸡，胡桃里的招牌菜之一。用一只鸟笼状的竹编盆子盛上来，一整只仅要98元。大厨事先将各种调料放入生鸡腹中，然后用点燃的果木慢慢烤熟，这种方法做出的烤鸡不仅色泽诱人、味道鲜美，还带有果木枝特有的香气，肉嫩味足，皮香酥脆，鸡翅尖部分的骨头都酥了，但鸡胸的位置却还能保持肉质的细嫩。

店里的干锅蟹麻辣鲜香，蟹肉分量又多又足，里面还有板栗，算是别有一番风味。莲藕和四季豆都是标配，可惜没有土豆片，干锅少一味土豆，还是觉得缺了点什么。这道菜还有个有趣的名字叫"泪流满面"，据说吃到后面很多人都涕泗横流了，口味不重的话还是慎点。

水煮多宝鱼，单从造型看还以为是酸汤或是泡椒麻香，实际入口后味道却相当清淡，基本就是清汤鱼的口味，很好吃，也绝对和重口不沾边。

还有一道上汤菜，里面有鹌鹑蛋、青瓜片、火腿片、炸猪皮以及各种鲜菇，汤头鲜甜，但我真不知道为什么取了个名字叫"随便"，只想说店家太会玩儿文艺了。

餐厅资讯

- 地　　址：深圳市龙岗区龙岗街道南联社区满京华喜悦里华庭二期一楼17-19号
- 电　　话：0755-89788885
- 人均消费：92元
- 特色推荐：果木烤鸡、干锅蟹、水煮多宝鱼、随便

在华侨城文化创意园里，青朴落和中国台湾艺术家高文安的咖啡厅只隔一条小马路，它的创办者是中国影像网的一群摄影人和艺术家，风格似乎应该归于复古，但更像后现代主义的做派——将许多他们认为最好的东西拼凑在一起，虽然没什么创新，但又很美而且耐看。这里下午是咖啡厅，晚上是餐厅，到了午夜就变成了酒吧，画面切换得如此迅速，来这里的人，无不为那千奇百怪的藏品而惊叹。

餐厅特色

◎ 中国风和西方情调混搭
◎ 很大的绿色庭院
◎ 各种各样千奇百怪的藏品展示
◎ 新派湘菜味道可圈可点

主人家的私家藏馆

青朴，西藏修行圣地，寂护、莲花生等高僧大德先后在这里留下众多圣迹，是修行者一生向往的地方。

青朴落的名字会让人联想到佛教，从店里摆放的许多造型与画风各异的佛造像、唐卡也能加深人们的这种认识，但实际上，青朴落更像一块红尘里的休憩地，是主人家的私家藏馆，从容地享乐，理性地风情，倘若非要给青朴落贴上标签，那么我要说这就是它的特质。

走进华侨城创意园没多远，就看到了青朴落门前那辆标志性的绿色旧摩托车，门面被植物层层包围，寂静幽然，单看门面，有点像树林中的日式居酒屋，若就在门口静静坐着，轻酌几杯淡酒，看阳光透过树叶落在酒杯上的斑驳影子，已经自有一番景致。

青朴落
CHAM
P○○

花红柳绿的餐厅外观

1 | 2　1. 乍一看还以为是扑克牌，其实里面是明信片
　　　2. 餐厅一角

　　走进去，里面只点着几盏昏黄的灯，一些很有年代感的物件昭显着店铺的格调，有一支放在长桌上的阿拉伯水烟，已经超越了它本身的使用功能，不再是普通的烟具，而是一件代表着经典时光的工艺品。

　　中式多宝槅做的隔断，将酒馆分割成若干区域，架上见缝插针地摆着古筝、吉他、羽扇、蓑笠、马鞍、三寸金莲鞋、草鞋。然后转过一个拐角，"二战"时美军的钢盔、美国产的煤油灯、投影仪，都悉数出现在眼前。

　　店内的桌椅风格俱不相同，包罗了欧洲风、复古中国风以及工业设计风，有木质的，有藤编的，有石材的，有布艺的，搭配的台布有蜡染长布、小巧竹帘，还有一些铺着粗麻布。每张桌上一盆翠色文竹作为标配，纤弱而书卷气，让人看着就很舒服，而一处天顶上悬挂的白色蚕茧状吊灯却充满了后现代艺术气息……青朴落的二楼是一个Art Space，主要承接各种文化活动，平时并不对外开放，据说这里还有店主的亲笔画作。

新派湘菜，价格亲民

　　我想，青朴落的那一群店主里一定有几个湖南人吧，不然绝对不会在这般装修的店里主打湘菜，赛东坡酱香肉、超俗鱼香茄子、仁者心动一碗香、最没个性却有态度的小黄瓜、进口好啤酒、国货鸭……菜单上一长串俏皮又创意十足的菜名让人忍俊不禁。

天花板上的蚕茧灯

1 | 2 | 3　　1. 餐厅里处处洋溢着混搭风
　　　　　　2. 餐厅门口的桌子上摆着一只神气活现的兔子
　　　　　　3. 陶瓷狗和小沙弥，奇怪而有趣的组合

　　仁者心动一碗香，又叫"口口吃肉"，口味香辣，青朴落这道农家版的"饭遭殃"，食材丰富，有黑木耳、黄瓜、胡萝卜、青椒、鸡蛋、剁辣椒和五花肉，做法简单，连五花肉也无须事先入味，把所需的材料整理好后，直接下锅即可，但也因此而十分考验厨师的基本功，并不是简单地下点盐、糖和酱油，就能炮制出鲜嫩香辣的一锅美味。

　　毛家红烧肉，红烧肉大小正好控制在适合放于舌尖，先用小火煮，再过油略炸，加上香料与干天椒的五花肉，红烧的味道浓而不腻，肉粒外脆内软，肥瘦适中，入口香味满盈。

　　碧绿芝麻豆腐，底料是酥炸过的水豆腐，表面淋的是菠菜泥，是一道高颜值兼口味佳的创新菜，外皮酥脆，内馅鲜嫩，口感极佳。

　　夜晚的青朴落就变身为酒吧了，但我不喜夜场，不等夜生活开场就离开了，因而它在夜晚是如何张扬魅惑，终不得亲见。看了看酒水牌，燃情百加得、海洋之心、绿翡翠……这些鸡尾酒，名字听起来就格外魅惑，一股文青的小情绪在此间悄然回荡。

餐厅资讯

■　地　　址：深圳市南山区恩平路华侨城创意文化园F-1
■　电　　话：0755-86096697
■　人均消费：100元
■　特色推荐：仁者心动一碗香、毛家红烧肉、碧绿芝麻豆腐

厦门

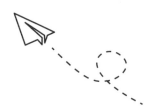

闽厦渔28号美式餐吧——工业化文艺复兴

旧逅1958——时光的记录者

挑食｜海鲜餐厅——生活中的艺术

捞海坞——小巷深处有人家

闽厦渔28号美式餐吧
——工业化文艺复兴

对于国内的游客而言，28号餐厅的名气似乎不是很大，但它却是住在厦门的外国人喜欢聚集的餐厅之一。这样的情况有些像大理的樱花园和坏猴子。这一类的餐厅有其共同点，自由、随性、无拘无束，以提供B级美食为主，味道不好不坏，价格合理，适合一帮朋友周末聚会。

餐厅特色

◎ 工业化设计风格加入了闽南传统元素
◎ 门口的大型酿酒缸引人注目
◎ 可以看风景的小阳台
◎ 炸鱼薯条和鲜酿啤酒是招牌

骨子里的文艺

我是个很挑剔的美食家，但是对于十分有格调的文艺餐厅，我通常可以接受他们中等程度的美食等级——原本便是强调情调与自由的地方，对食物过高的要求反倒无趣了。厦门从来不乏小清新，但真要找到一家由内而外散发文艺气质的店倒也不太容易。太浅白的小清新总有些浮在表面上，少了根植于生活本身的淡定与从容。在沙坡尾遇上闽厦渔28号美式餐吧，却真是让我惊喜了一把。

它低调，没有过多的宣传；它也高调，把大型酿酒缸摆在大门处，毫不掩饰主人的喜好；它随性，典型的美式风格让人轻松自在；它也有些传统，有难以割舍闽南民族元素情结；它没有别出心裁的美食，但这才符合地道的美式餐厅风格；它的食物却又精致，炸鱼薯条很赞，咖啡也十分地道。

在沙坡尾的街道其招牌颇为吸引人

这样风格的餐厅正是文艺到了骨子里，没有花花草草来刻意强调清新，也无须原生态食材突出自然，它自己本身就是气质。与大理的樱花园和坏猴子一样，闽厦渔28号美式餐吧的外国客人居多，这种风格恰好是他们的喜好。如果要在沙坡尾只选择一家餐厅进行推荐，那闽厦渔28号美式餐吧无疑是我的答案。

眺望岁月的阳台

闽厦渔28号美式餐吧的主体设计以工业风为主，除了门口巨大的酿酒缸外，吧台、灯罩等细节也带有粗犷的金属感。设计者不羁的个性并非直观呈现的，相对而言，以一种收敛的态度，有控制地融入设计理念之中。

闽厦渔28号美式餐吧共有三层，沙发都是黑色皮质，沉稳、低调、内敛。墙上装饰着黑胶唱片、吉他与其他音乐主题的画框或是文字，二楼有小型的舞台，晚上会有歌手表演。以轻松自由为内在气质呈现的风格，被设计师表现得十分明显，极其简单的元素便打造出地道的美式风格——我是极为迷恋这种设计理念的，这在哲学上体现为一种化繁为简、自在无为的宁静。区别于传统设计中环境的雅致所带来的宁静感，这是一种外在浮华热闹与内在宁静并存的思想意境。

二楼的墙壁充满浓郁的美式风格

晚上这里便是一家情调十足的小酒吧

然而，闽厦渔28号美式餐吧的设计又带有不少闽南民族风元素的装饰，从乡下淘来的旧式木门板和木窗、记录着过往岁月的沙坡尾老照片、渔民的鱼篓、稻草编织的鱼形装饰……不同的装饰夹杂其中，融合得自然和谐。

二楼和三楼各有一个小阳台，视野很开阔，可以看到旧日渔船停泊的避风坞。沙坡尾这个名字的来历，是由于过去许多海沙都会流到这里囤积，慢慢变成一处月牙形的金色海湾，从而开启了此处特有的渔民人文历史。如今这一带的海水大多已枯竭，就如同作为沙坡尾灵魂的历史与文化内核早已被时代发展所抽离，只空留遗憾的怀旧情结。

渔业繁盛时期，从闽厦渔28号美式餐吧的小阳台上望出去的世界，想必是海水、沙滩、几百艘靠岸的小渔船吧，现在我们坐在这小阳台上眺望远方，似乎仍可以追忆那段属于厦门渔民的似水年华了。

有故事的吉他

有位美食作家这样写道："英国对人类烹饪史的唯一贡献是一款炸鱼薯条。"这句话我大致也是赞同的，炸鱼薯条真是英国民众创造的最可爱的食物。传说，某年英国做

1 | 2　　1. 有什么理由不在炎热的夏日来这里喝上一扎鲜啤
　　　　2. 冰美式咖啡配招牌炸鱼薯条

了一份"你认为什么东西最能代表英国"的调查投票，炸鱼薯条成为与披头士乐队、下午茶、莎士比亚、白金汉宫一样的英国人文象征。

美国的美食文化就是一个大拼盘，在美式餐厅里能找到英国的炸鱼薯条并不奇怪，闽厦渔28号美式餐吧的炸鱼薯条也是他家的招牌之一。我点了炸鱼薯条和冰美式咖啡作为下午茶，鱼肉很嫩，薯条够粗，咖啡的油脂也很浓郁，让我的心情在那个下雨天一下子明媚起来。下午的时间餐厅里客人不多，大可在楼上选个角落的位子把自己安放下来。店员不来打扰，音乐很悠扬，黑沙发坐起来不软不硬刚刚好。午后时光突然显得那么怡然自得，一切都刚好合心意，不经意间便生出对生活的热爱。

倘若是夜晚到闽厦渔28号美式餐吧来，想必又是另一番景象了。晚上这里会变成酒吧，有歌手献唱。这样的氛围不妨来一套招牌的"三剑客"——店家自酿的黑啤、黄啤和小麦啤，放下红尘琐事与音乐同醉，与灵魂共饮。醉眼蒙眬间，或许会看到墙上的一句话，"拥有一把吉他，做有故事的人"。

餐厅资讯

- 地　　址：厦门市思明区大学路28号
- 电　　话：0592-8321666
- 人均消费：40元
- 特色推荐：炸鱼薯条、冰美式咖啡、拿铁、自酿啤酒

旧浬1958
——时光的记录者

夜晚的塔头有几分寂寥，冬夜里的寒风让行人不自觉地捂紧了大衣，整个村子都安静下来，增添了几分萧瑟之感。这样的夜晚，需要一家温暖的餐厅，来让漂泊的旅人感到一丝带着暖意的归属感。路灯下的旧浬1958便是这样一种存在。当天空飘着蒙蒙细雨，当海风像冰碴一样灌入人的脖子里，它那昏黄的沉稳的灯光，灯晕中的怀旧与古朴，成为游人们心中那一刻最合适的归宿。

餐厅特色

◎ 怀旧主题的台式餐厅
◎ 陈列着许多有意思的古物
◎ 晚上有露天电影
◎ 好吃的卤肉饭和乌冬面

雨中的花园

第一眼看到旧浬1958，是在刚到塔头的清晨。我在村子里闲逛时，一栋白色石膏般、有着天蓝色屋顶与门窗的建筑物吸引了我的全部注意力。它像是一栋童话里才有的房子，拱形的大门两侧，是两盏欧式的壁灯，门窗上还遗留着圣诞节的装饰物，一派北欧梦幻风格的浪漫情调。门口还有一个很大的花园，木桌、木椅随意地散放在郁郁葱葱的花草丛中。我记下了它的名字，寻思着晚餐不必另寻地方了。

那天赶回塔头时，天色已完全暗了下来，天空中开始飘着绵绵细雨，夜风瑟瑟，让人心里平添惆怅。我匆匆赶往旧浬1958，还未走到近处，便看到花园角落里点燃的两盏路灯，温馨而明亮。灯光洒在大树的树干上，晕染出一片昏黄，圣诞树和吊挂在树干上的绿藤在灯光下流露出清新的暖意。

童话色彩的欧式外墙

花园里坐了两桌人，大屏幕上正在播放电影《大圣归来》，小孩子们端正地坐在一旁看得津津有味。这是一个忧伤的故事，或许正适合这样的天气，这样的心情，于是我也点了一碗招牌乌冬面，坐在院子里和孩子们一起看电影。

细雨淅淅沥沥地下着，黑暗的天空与幽幽的路灯交织出光影的梦幻。孩子们还看不懂故事里的哀伤，而我却在这样的夜晚，坐在旧浬1958漂亮的小花园中，感受着生命如幻，岁月无形。

<table>
<tr><td rowspan="3">1</td><td>2</td></tr>
<tr><td rowspan="2">3</td></tr>
</table>

1. 角落里的装备极有特色
2. 满墙都是怀旧收藏品
3. 老照片记录着某段光阴中的故事

过往的故事

　　旧浬1958室内的陈设别有特色，走进大门，便能看到两块墨绿色的老门板，上面贴着大红色的春联。门梁上挂着的老式煤油灯，带着岁月的沧桑，灰扑扑地在角落里静置着，静观人世，静待岁月。门梁上有一张厦门街头的老照片，在相框里已隐隐泛黄，可是过往的岁月还是那么清晰地被永恒记录在那一瞬间，供如今的你我遥想。

　　老板或许是个军事迷，屋子里看到许多与军人有关的物品。墙纸是墨绿色的，火药

箱、望远镜和迷彩帽高高地斜挂在墙上，还有一块骄傲的红色木匾，写着"军属光荣"四个字，在此刻看来，依旧让人心怀敬意。而在某个角落里，更是堆满了箱子，钢盔、弹药和水壶全套齐整，墙上的壁画则是一个拿着望远镜藏身在战壕里遥望对面的士兵。这些元素组合在这样一栋原本童话风格的屋子里，却一点不显得突兀，反而增添了历史的厚重感和一份说不明的奇幻色彩。

最喜欢那堵墨绿色的墙，墙上有各种元素的古物，以怀旧为主题，巧妙地融合在一起。顶上是一排花纹各异的热水瓶，这也是属于过往岁月的记忆，那些似曾相识的图案

20世纪80年代寻常人家的写字台

不经意间触动了童年的影子,恍恍惚惚不知原来已过去那么多年。

轻轻抚过这些无声的唱片机,它们记录的是一首关于青春的诗,一曲光阴的歌。似乎突然懂了旧涅1958这个名字,或许它也是一份纪念,讲述着唯有主人知晓的故事。

还原旧日光景

旧涅1958里有个角落,陈列的种种布景,真的可以带人重回几十年前的时光。木头架子的缝纫机旁,是铁笼式的电风扇,而墙上,是一块不知从哪个老房子里拆回来的花木檐。缝纫机上看似随意地放着几本《三毛流浪记》,旁边的黄铜喇叭上还系着红色的绸缎。木桌上有一对陶瓷金鱼,五彩斑斓的花纹,表情栩栩如生。中间夹杂的一个藤编花瓶,应当也是从乡下淘来的,中间瓷的部分早已旧迹斑斑。古老的收音机、蓝色的花格子布、墙上的文艺宣传画,都像是从老电影里走出来的,一幕幕回放,让我们感受到了那个时代的生活气息。

这还不够，隔壁有张老式的木头书桌，桌面上盖着花纹桌布。书桌上20年前的宝莲台灯依然可以点亮，只是旁边的台式闹钟停止了脚步。几本早已消失在这个时代的老杂志堆放在一旁，有些翻开了几页，仿佛时光中的主人刚刚起身离去。打字机与烛台，陶瓷猫和文竹，这点点的细节构建出一幅无法收起来的光阴画卷，毫无防备地打动了每一个无意间走进旧浬1958的客人，如同穿越回一场时空旧梦。

招牌的霸王乌冬面

然而，如此怀旧的餐厅中，提供的食物却是前卫的。三杯鸡、乌冬面、大阪烧的人气都很高。旧浬1958的回头客很多，或许是这新时代的元素夹杂着旧日光阴的气息，让人迷恋在这份独特的意境中，才会一而再，再而三地前来探秘吧。

离开旧浬1958的时候，雨终于停了，路上积满了小水洼。我慢慢踱步，走回不远处的客栈。路灯折射出岁月静好的氛围，心情莫名地平静下来，像是在一场时光的旅行中，收获了无言的愉悦。

餐厅资讯

- 地　　址：厦门市思明区环岛路黄厝溪头下18号
- 电　　话：13606071520
- 人均消费：68元
- 特色推荐：台式三杯鸡、霸王乌冬面

挑食——海鲜餐厅
——生活中的艺术

挑食在鼓浪屿上的名气颇大，成为许多游人上岛必去的餐厅之一，价格自然水涨船高。它最特别的地方在于，拥有如此旺盛的人气，餐厅主人却并没有搬到繁华的码头附近，而是坚守在福建路的市井深处。若是论氛围而言，挑食可算是岛上数一数二的餐厅。只是菜品价格稍高，比较适合一家人聚餐，一个人不免有些奢侈了。

餐厅特色

◎ 餐厅环境充满古典的艺术氛围
◎ 各种海鲜菜品具有自己的创意
◎ 适合家人朋友聚餐
◎ 招牌豆腐和炒饭人气颇高

市井深处的文艺

福建路是鼓浪屿上繁华码头附近的一条市井小路，保留着鼓浪屿原汁原味的情怀与氛围。人气餐厅挑食就这么与众不同地在这里安了家。在它充满浪漫情调的阳台上吃饭，你甚至可以看到隔壁人家在天台上晒被子。

若说挑食是鼓浪屿上环境极好的餐厅之一，不会有任何异议，它在细节处的用心与精致，令每一个到访者为之赞叹。餐厅看起来仿佛一家古韵十足的茶馆，而不像是公认的小资风格的现代餐厅。

鼓浪屿上最小资的餐厅之一

古老的优雅

前去探访的那日恰好赶上一楼在装修，只看到角落里有一盏孤灯。灯光静静地照在瓦墙中间的一扇老门上，光影暗淡，仿佛博物馆中的展览品，呈现的是对往昔岁月的无限追忆。

走上二楼，情不自禁发出惊叹，原来这市井小路上还藏着这样一片精致的文艺天地。古朴的地板与红墙，墙线处装饰着闽南风情的复古花砖，不知店主从何处淘来那么多古老的旧家具，巧妙地营造出整家餐厅的氛围。

木头桌椅十分精致，桌面上的花砖和椅子上的皮质椅垫都渗透出古意中的优雅，为食客打造了舒适的用餐环境。那些老家具上到处点缀着鲜花，仿佛从古老的时光里散发出新鲜的生命力，幽幽的香味弥漫了整个空间。

坐在阳台上看人来人往

1｜2　1. 艺术品般精致的餐具
2. 招牌炒饭分量很足

鲜活的名画

　　角落位置处的墙上砸了一个墙洞，嵌入整扇几十年前的老窗，窗台上摆放着一瓶精致华丽的干花，在朦胧的灯光下，这样的场景美得像一幅名画。设计师的巧妙构思还远不止如此，墙根处的花盆里居然长出了一棵小树，枝叶蔓延，弯弯曲曲的树枝在餐桌上方勾勒出美妙的弧线，弧线上翠绿的树叶散发出蓬勃的生机。远远看去，仿佛画里的景色活了过来，立体地展现在人们眼前。

　　我去的时候尚早，客人还不多，可以安静地在这样优雅的环境里就餐，真是再惬意不过。可惜挑食提供的大多是昂贵的海鲜菜品，对于一个人旅行的我来说不太适合，不过幸好还有招牌炒饭可点。

餐厅资讯

- 地　　址：厦门市思明区鼓浪屿福建路15号
- 电　　话：0592-2062398
- 人均消费：88元
- 特色推荐：清蒸龙虾、挑食豆腐、挑食炒饭

捞海坞
——小巷深处有人家

虽然在鼓浪屿上住了很长时间，但我每次从捞海坞的小巷口路过，都被它广告宣传画上的招牌海鲜捞粉吸引。直到从喜林阁出来的那个中午，我拖着行李箱从半山上一路下坡，趁着时间还早、游客不多的时候，我走进了捞海坞。

令人惊喜的是，捞海坞虽然藏在貌不惊人的小巷里，走进去后却是别有洞天。捞海坞的环境远比我想象中清新文艺，庆幸一碗海鲜捞粉让我发现了这样一家餐厅。

餐厅特色

- ◎ 小巷里别有洞天，环境清新文艺
- ◎ 院子里的位置很舒适，适合好友聚会
- ◎ 有几只很可爱的猫
- ◎ 招牌海鲜捞粉值得一试

菜圃旁喝茶

捞海坞藏在山坡处的一个小巷里，很隐蔽，若不是在巷口挂出了招牌，游人应该很难发现这个地方。看上去只是几间极为普通的砖瓦平房，却不想里面藏了如此幽静的文艺空间。

进门处的小平台上有花田、有菜圃，石台上垫着蒲团坐垫，极简风格的藤桌与不锈钢椅，营造出精致的农家小院氛围，悠闲而舒适。

围墙下聊天

踏入小门后，又是一个小院子，氛围更加清幽寂静，只有墙角那一窝刚刚出生的小

清净自在的小院

$\dfrac{1}{\dfrac{2}{3}}$ 1. 一个人面壁而食也是乐趣

2. 好友聊天最好的位置

3. 清幽典雅的就餐环境

猫，喵喵地叫个不停。母猫则在院子里来回踱步，一边享受自在时光，一边守护着那一窝小猫。

靠墙处的木桌极为别致，背后是山野风格的砖墙，从窗户处伸出一块材质上佳的厚木板，摆放了几张高木椅。窗台上绿油油的藤蔓垂落下来，旁边是闽南传统的食盒，趣味盎然。与三五好友坐在这里吃饭、聊天再有趣不过，像是都市里藏匿的小酒吧，清净中又带着说不出的文艺情调。

小院里还有一张木头圆桌，看样子很有年代感，古朴气息扑面而来。再搭配几张同样的小木凳，就像到了乡下人家，围坐在小桌旁吃点农家菜，生活轻松而惬意。

窗边观景

捞海坞室内餐厅的环境更为文艺舒适，最爱那一排靠墙的长木桌，墙上是简朴的红砖与白石灰，两侧有圆木桩形状的隔板。墙的正中央打开一扇白色的小窗，绿色藤蔓沿着墙角爬下来，增添了一份恰到好处的清新感觉。一个人来的时候刚好可以坐在这里，面朝小窗，将满院子的风景尽收眼底。捞海坞为每一桌的客人泡上一壶红茶，让人感觉非常体贴。不能说一碗40元左右的海鲜捞粉味道多么特别，或者价格有多划算，但是在鼓浪屿住久了，这或许真是不能错过的一餐。

餐厅资讯

▪ 地　　址：厦门市思明区鼓浪屿乌埭路35号
▪ 电　　话：0592-2067918
▪ 人均消费：70元
▪ 特色推荐：招牌海鲜捞粉、海蛎煎、卤肉饭

因大理市洱海周边地区自2016年开始进行综合治理，本章有些餐厅可能暂停营业，由此带来的不便，敬请谅解。

大理

翠田西餐厅——田野深处有人家

点心园海景餐厅——蓝色街灯下的幻境

樱花园西餐厅——Hi，Jack！

向月球飞去餐厅—— 一整天的清晨

秋日便当——记忆深处的食物

翠田西餐厅
——田野深处有人家

翠田仿佛一幅经典的油画，带着写实的色彩勾画出陶翁归园田居的写意境界。

"暧暧远人村，依依墟里烟；狗吠深巷中，鸡鸣桑树颠。户庭无尘杂，虚室有余闲。久在樊笼里，复得返自然。"一派乡居生活的宁静，一个宁静纯美的天地，在大理苍山洱海的簇拥下遗世独立。

餐厅特色

◎ 翠田野花鱼塘环绕的田园风光
◎ 西班牙主厨制作的地道西餐
◎ 海地生活农场供应的有机蔬菜和鲜奶

需要一点勇敢

翠田西餐厅的老板姓潘，大家都叫他潘哥。潘哥不久前还是杭州的一个服装生意人，收入颇丰。由于妻子及其家人都喜欢大理，因而选择在这里定居下来，并希望潘哥也能离开杭州，到大理试试开展一番新事业。潘哥一开始很犹豫，十分担心自己是否会水土不服，也不知自己会不会真正喜欢大理的生活。他舍不得自己付出了太多心血做了多年的服装行业。然而，这种种担忧最终都抵不过对家人的爱，终究，潘哥还是选择放弃了杭州的事业，来到大理，一切重头来过。

潘哥之前虽然没有从事过餐饮行业，但是做生意的经验还算丰富。既然下定决心要做，潘哥便打算做到最好。考虑到可以与海地生活农场建立密切的合作关系，潘哥便决定开一家西餐厅。

面对陌生的领域，潘哥重新出发，带着杭州生意人特有的勇气放手一搏，找到了下

零距离的田园风光是翠田最大的魅力

鸡邑村田野深处的一户民居，打造了这家拥有大理美丽田园风光的西餐厅。

坐在翠田的二楼望出去，四周都是绿油油的田野，中间穿插着粉紫色的花田，门外是鱼塘，一片生机盎然的自然气息。恍惚间，已不知是人在画中，还是画中有人。

在翠田的就餐体验是愉悦的，田野里吹来带着青草芬芳的柔风，眺望远方，是一望无际的蓝天。一块块翠绿色的农田在阳光下闪着光芒，花田里的花在风中摇曳，时不时有鸟儿飞到屋檐下休息，二楼水池里的鱼儿静静地游来游去。

蓝的天，绿的田，翠田的白墙与青石，大自然用足够的创造力勾勒出这样动人心魄的美。人在翠田小坐片刻便仿佛能听到来自天堂的声音。

需要一点信仰

翠田西餐厅的诞生缘起于潘哥的一次泰国游，他想学习泰国的服务理念开一家餐厅，能够让每个前来就餐的客人，都被一种阳光向上的情绪感染。

一个人的美食空间

清新自然的就餐环境

很难想象这是一家餐厅的角落

　　事实上，潘哥做到了，他的翠田西餐厅充满了积极向上的力量和快乐饱满的精神。这是一个活力四射的地方，潘哥也是一个活力四射的人。

　　翠田西餐厅的全部原材料都来自海地生活农场，保证了食材新鲜的口感和健康有机的元素。有了最好的原材料，加上特意请来的西班牙主厨的手艺，翠田西餐厅的食物可以让每个人都吃得十分满意。

　　水果沙拉配的是农场新鲜送来的农家酸奶，蔬菜三明治里的有机蔬菜带着大理充足阳光的气息，柴米多香草煎鳕鱼每一口都能吃出鲜美的味道……最重要的是，比起同等规格的西餐厅，翠田西餐厅的价格便宜了一大截，或许这正是潘哥的信念——你付出一点，我就还你全部。

需要一点缘分

　　翠田西餐厅所处的位置不算偏僻，就在乡间公路的一边，但若不是特意去找，路过的游人常常错过。从才村码头出发往环海西路方向走，开车5分钟，或是骑车20分钟，便可以找到翠田。

1 | 2　　1. 招牌香煎三文鱼是必点菜式
　　　　2. 水果沙拉搭配自制酸奶

　　最好的选择，是在阳光灿烂的中午，悠闲地骑着租来的自行车，从才村沿着环海西路走。一路上不必心急地赶路，而是带着舒缓慵懒的心情，看看乡间小路两边的田园风光，感受着远方扑面而来的清风，哼着乡村音乐的小调，慢慢朝着翠田西餐厅的方向前进。看到下鸡邑村的路牌便可以转弯，再骑行两分钟，一栋文艺气息十足的白色花园民宅便会出现在眼前。开车去环海西路的游人常常从翠田门前飞驰而过，很难发现乡间田野的路上，有这样一家美不胜收的西餐厅。

　　我去的那日赶上阵雨，很遗憾没有阳光，然而雨中的翠田另有一番寂寥的诗意。雨天来的客人少，环境格外安静，在瑟瑟寒风中要一杯热鲜奶，暖意自心头升起。外面的天地仿佛蒙了一层薄雾般模糊起来，烟正蒙蒙，雨也蒙蒙。

　　潘哥微笑着说："雨天留客坐，不用急。我们喝喝茶，聊聊天。"

　　这正是古诗中所说的"西塞山前白鹭飞，桃花流水鳜鱼肥。青箬笠，绿蓑衣，斜风细雨不须归"。

餐厅资讯

- 地　　址：大理市下鸡邑五组386号（环海西路边）
- 电　　话：0872-2534067
- 人均消费：89元
- 特色推荐：柴米多香草煎鳕鱼、农场肉酱意面、芒果鲜奶

提到双廊最美的餐厅，很多人会想到点心园海景餐厅。

点心园海景餐厅的夜色比白天更美，黄昏后，沿着洱海边的石子路前行，经过海地生活浪漫的白桌，穿过传来阵阵潮声的小道，在路的尽头，便是点心园灰色的石头与红色的砖墙构筑的屋子，蓝色街灯下，美得如同一片幻境。

点心园海景餐厅
——蓝色街灯下的幻境

餐厅特色

◎ 无敌海景景观
◎ 地中海风格的室内设计
◎ 味道上佳的川菜

蓝白不只属于圣托里尼

地中海风格不仅是一种设计元素，它更是人类文明史上辉煌的一页——随着文艺复兴而绽放的自由奔放的生命力。它取材于大自然最明亮的色彩，象征着西班牙蔚蓝的海岸与白色的沙滩，象征着希腊碧海蓝天下的白色村庄，象征着意大利南部阳光下金黄色的向日葵，象征着法国南部薰衣草的暗香，象征着北非沙漠中岩石最朴素的颜色。

以洱海风光著名的双廊，或许不少餐厅都会选择地中海风情的设计，但唯有点心园如此执着地去还原它久远的文化细节。

石板的地面、灰白色的泥浆墙、沙漠岩石的红褐色屋顶、经典的蓝与白的交织、拱门与半拱门、半穿凿的景中窗……将窗外洱海的蔚蓝引入室内的白，毫不造作，让人分不清哪里是自然之笔，哪里是人为之作。

大面积的蓝与白，诠释着人类对于蓝天白云、碧海银沙的渴望，对于明媚阳光的迷

花丛中的海阔天空

1 | 2 | 3 / 4

1. 恍若梦中的油画
2. 地中海风格的室内设计
3. 味道鲜美的小米辣炒黄牛肉
4. 清爽可口的青柠水

恋，对于慵懒写意时光的向往，也是深藏于人类内心古老的文明气息。

院子里一抹艳丽的桃红

点心园海景餐厅最美的风景在洱海边，白色的碎石地、白色的躺椅、白色的遮阳伞、白色的桌椅，唯有那夜色灯光下的洱海蓝得仿佛一块宝石，在白色上反射出迷人的蓝色光泽，还有白色窗沿下，那一棵美丽的桃红色的三角梅。

白色的世界、蓝色的光和那一点鲜艳欲滴的桃红，如同画板上的颜色，是大自然的魔力与人的智慧交相辉映的完美作品。

饭后登上天台，在夜色朦胧的蓝色街灯下，眺望远处的洱海月色，抬头仰望满天繁星，不似在人间，仿佛一切是梦境。

让青柠檬为菜品来添色

点心园海景餐厅主打川菜，也有一些当地风味菜，称得上用心，上菜速度很快，推荐小米辣炒黄牛肉，鲜辣可口。

坐拥双廊最美丽的海岸线，价格自然比普通餐厅贵了一些，却也不算离谱。难得的是细心准备的青柠檬水，在干燥时节添了一份清新的冰凉。

若是不喜欢吃辣，不妨点一罐啤酒，便可躺在甲板的躺椅上，吹着来自远方下关的风，独享一望无际的碧海蓝天，听浪潮在脚边起伏轻唱。

餐厅资讯

- ■ 地　　址：大理市双廊大建旁村（海地生活附近）
- ■ 电　　话：0872-2506324
- ■ 人均消费：70元
- ■ 特色推荐：小米辣炒黄牛肉、鸡枞菌汤

樱花园西餐厅

—— Hi, Jack!

樱花园西餐厅是Jack在1989年开的店，刚开始的时候叫作"杰克咖啡屋"，是大理古城第一家咖啡馆。

每年春天的博爱路特别美，道路两旁的樱花树都开花了，粉嫩的花蕾在春风中绽放，樱花园的名字由此而来，从此成为大理古城中不可或缺的风景。

20多年间，数不清的咖啡屋和餐厅开业又关闭。唯有樱花园，作为古城内最悠久的文艺符号，依旧坚守在那一排落花缤纷的樱花树边。

餐厅特色

◎ 1989年开业的古城第一家咖啡屋
◎ 有传奇故事的三楼平台
◎ 接待过100多个国家的客人
◎ 冬天会有木柴烧火的壁炉

满满的良心与情怀

永远都忘不了2008年的冬天，南方许多地区都发生了严重冰雪灾害，而大理古城的阳光却灿烂了整个冬季。那时我与几个朋友恰好在大理住了一个月，几乎每天都泡在樱花园里，阳光晒在人身上暖洋洋的，6块钱一杯的青柠汁像是夏日里碧绿色的冷空气，清凉透心。

作为古城里最古老的西餐厅，樱花园的价格便宜得令人难以置信，几元钱的果汁、10元的焦糖布丁、12元的奥利奥奶昔、30元的牛扒……樱花园销售的是满满的良心，让每一个"流浪"到大理的人都能感受到这里的亲切与闲适。

准确地说，樱花园是我爱上大理的重要因素之一。时光荏苒，多年后我再一次踏进樱花园的大门，坐在熟悉的二楼窗边，翻开似曾相识的菜单，即便是有几分矫情，也不

对着吧台叫一声Jack，老板或许还在

得不承认此刻有些感伤的思绪，是关于光阴的流逝，也是关于物是人非的无常。

　　菜单上的东西与多年前并无多大区别，价格也只有很小的调整，在如今商业化肆虐的古城里，樱花园依旧坚持低价，坚持一份往日的情怀。

　　或许第一次来大理的人们并不懂得，这样一家古老的西餐厅怎会有那么大的名气，也不认为它值得去品味。可是在老大理人的心中，樱花园永远是古城里不可取代的象征符号，代表了大理的那段时光。

来自德国的快乐木匠

　　樱花园有三层楼，下面两层是餐厅的主体，顶楼是个小庭院，简单的植物，边沿处有一排带有岁月痕迹斑驳的木栏。

　　木栏的设计者是20多年前的两个德国游学木匠，德国木匠协会有个规定，考取木匠

1 | 2　　1. 二楼的老壁画还在
2. 角落里堆满各种外文书籍

资格职业证书后，必须环游世界各地去寻找实习的机会，这样才能真正成为一名合格的木匠。

　　两个年轻木匠四处漂泊，漂洋过海地来到中国，来到大理古城，走进了樱花园，与Jack成为好友。刚好Jack的咖啡馆正在装修，两名德国木匠义不容辞地接手了顶楼天台的木工活，为Jack修建了一排漂亮的木栏。

　　樱花园是大理最早的国际化西餐厅，接待过来自世界各地超过100个国家的客人，他们中的许多人都与Jack成了挚友。许多长住大理的外国人都把樱花园当作自家的早餐餐厅，每天一大早就会全家结伴来吃早餐，然后慢悠悠坐到中午。

　　头几年常有一位高大的瑞士男子光顾，他的妻子在北京上班，他独自带着两三岁的女儿生活在古城。每天早上总会看到他出现在樱花园的一楼，与女儿一起享受快乐的早餐时光。

　　我在大理长住的那段日子里，也常去樱花园吃早餐。如今古城里已经多了好几家专门吃早餐的餐厅，或许在许多方面已经超越了樱花园的早餐水平，但是那种在樱花树下悠闲地度过一个上午，等待阳光洒满整条博爱路的时光，只属于樱花园。

烤炉火的岁月

　　气候特点决定了大理是一个不太需要空调的地方，大部分的客栈、咖啡屋和餐厅都会拒绝安装空调。从环保角度来说，这绝对是一种值得推崇的行为，为苍山、洱海保留了自然的美景。但是在大理的冬季一旦太阳落山，气温就会很低，屋子里不开空调的时候会冻得瑟瑟发抖，那时候人们都喜欢聚集到樱花园，围坐在一楼的壁炉旁。

带有岁月痕迹的座椅

　　樱花园是古城内唯一一家拥有真正壁炉的餐厅，欧式的拱形设计，烧的是专门运来的木头。客人们会在壁炉附近铺上一个坐垫，围坐在四周烤火，不管来自哪个国家，互相之间都毫无陌生感，仿佛一个跨越种族的大家庭，其乐融融地在冬日里相依取暖。店里的音乐让所有人如梦似幻，恍惚间忘记今夕是何夕，所有生命中不快乐的事都可以暂时放下，只求拥有当时的温暖与欢笑。

　　这里还有一个约定俗成的游戏，围坐在壁炉旁烤火的人们喜欢通过注视火苗的变化，来预测第二天天气的变化。如果火苗是苍白的，或者有很多不正常的火星，或者炉灰结成块，或者突然有煤灰掉落，都预示着下雨；如果火苗嗡嗡响，或者烟道有爆裂声并带来比平常更强的风，那么预示着暴风雨即将到来；如果火苗燃烧得更为猛烈，就预示着会有霜冻。

　　20多年来，在古城的每一个漫长冬夜，总会有一群人围坐在温暖的炉火旁，熟识的朋友或是陌生的过客，谈笑风生。也有人默不作声，要一杯温热的云南小粒，在双膝上

1　1. 角落里的植物园
——
2｜3　2. 樱花园的牛扒很便宜
　　　3. 许多年过去，奥利奥奶昔的味道依旧不变

铺一块厚厚的棉布，从樱花园的书柜里抽取一本喜欢的小说，在炭火的温暖中完全沉浸在书里的世界。

只是一个小小的壁炉，却使原本苍白的冬季有了颜色、浪漫与回忆，这是樱花园为每一位懂得品味、热爱生活的人准备的礼物。

餐厅资讯

■ 地　　址：大理市古城博爱路82号
■ 电　　话：0872-2671572
■ 人均消费：40元
■ 特色推荐：鲜榨青柠汁、奥利奥奶昔、焦糖布丁、山椒牛肉

向月球飞去餐厅

——一整天的清晨

人民路的一条巷子里藏着这样一家餐厅，独栋的两层楼建筑，一楼为全落地透明玻璃门窗，门外几乎全天坐满了用餐的客人，很难找到空位。

当你想找找这家餐厅的招牌，以便记住它的名字时，会诧异地发现它根本没有招牌。尽管如此，这家餐厅依旧名气颇大，它还有一个很特别的名字让人过耳不忘。

这家没有招牌的餐厅叫"向月球飞去"。

餐厅特色

◎ 一家提供全天早餐的西餐厅
◎ 性价比很高的美食
◎ 二楼的室内设计有极强的艺术感
◎ 宽敞的露台可以惬意地晒太阳

沐浴清晨的阳光

向月球飞去藏在广武路的深巷中，若非特意寻去，平日少有人经过。餐厅清晨时分刚开门，便有不少熟客翩然而至。他们熟稔地替自己倒上一杯青柠檬水，选择喜欢的位置坐下来，悠然等待着享受一份美好的早餐。

一楼被大吧台占据，黑色花纹地砖搭配木质长桌，简约清新的美式田园风显露无遗。靠着落地窗的角落有一张正对小路风景的木桌，若是来得早，不妨选这个位置，以便沐浴到早上最温柔明媚的阳光，闲看一大早便出门溜达的本土新移民，相逢一笑，这便是大理。

一楼的角落

巷子深处的寂静

　　餐厅二楼的设计很文艺，设计师收集了许多20世纪70年代的老物件挂在墙上，色彩绚烂的壁画充满了强烈的艺术气息。墙上那幅关于凡·高的抽象壁画，充满了魔幻主义的绚烂，巨大的月球、夜色中的大海和凡·高风格的星空交织成一幅奇妙的画面，令人充满遐思。

　　向月球飞去是一家值得坐上一整天的餐厅，除了招牌早餐，他家的西餐也颇有些名气，吸引许多食客前来探访。但这并没有使得餐厅喧闹起来，它一直都是宁静惬意的，如同作家伍尔夫所写的那样，"就让我这么坐着，手边放着一个咖啡杯、一把餐刀、一把叉子。它们的存在是最平白的、不加修饰的，这份寂静是最纯洁的、最美好的"。

充满艺术张力的装饰墙

1 | 2　　1. 可以续杯的美式咖啡
　　　　2. 招牌英式早餐

幸福的平台

　　餐厅的二楼有一个宽敞的平台，深受熟客们的喜爱，一大早便坐满了各国的旅人，喝着可以续杯的简单美式咖啡，在旭日东升的天色里悠闲地享受属于大理的生活。有人自带报纸阅读，也有人愉快地与朋友畅谈，或是望对面巍巍然的苍山雪。这里的一切在阳光的照耀下，显得格外生机盎然，充满了幸福的仪式感。

　　如今这家没有招牌却有着奇特店名的餐厅，已成为整个古城最受欢迎的早餐店。它的魅力在于其藏于市井小巷中的那份恬淡，也在于其对生活的热爱与至诚，真正的大理风格。

 餐厅资讯

- ■　地　　址：大理市古城广武路74号（杨家花园旁）
- ■　电　　话：18915630862
- ■　人均消费：40元
- ■　特色推荐：英式早餐、纸牌屋烤肋排、墨鱼饭

秋日便当
——记忆深处的食物

《秋日便当》是旅居北京的日籍华语作家吉井忍的菜谱图书，书里通过草食男子与肉食女子的一周，勾勒出关于美食的朴素、温馨记忆，让读者在清淡自然之中享受日常之美。

秋日便当也是这样一家风格类似的日式家常菜馆，有着夏日繁华演尽后的高远清淡，在秋天的萧索与清寒中，给予每个偶然进门的客人独有的温暖与慰藉。

不妨在午后到秋日便当翻阅老板珍藏的《深夜食堂》，特别的氛围里，更能体会到漫画中那种关于食物的情感与记忆。

餐厅特色

◎ 日式风格特有的安静文艺

◎ 经典日本家常便当

◎ 老板颜值高，服务好

一颗小小的梅干

秋日便当有一款热销菜式是紫苏梅子茶泡饭，来的客人通常都会点一份。旅行途中难免吃些油腻的食物，几天下来，突然就对这样一份清淡、简单的家常便当心生向往。

茶泡饭是日本料理中的家常菜，常常出现在文学故事和电影里，令很多年长的人怀念，想要重温当年茶泡饭的味道。一碗清淡爽口而又暖胃的茶泡饭对许多日本人来说，就是家的味道。

紫苏是一种中药，日本人喜欢用于料理之中，除了吃生鱼片时加入外，也可以入茶。秋日便当的紫苏梅子茶泡饭分量很大，新鲜的米饭上铺了厚厚的一层海苔，加入用紫苏泡制过的乌龙茶，上面点缀一颗小小的梅干，这便是最简单的幸福感。

《秋日便当》的作者吉井忍对梅干茶泡饭有着极深的感情，妈妈亲手制作的梅干是她回日本探亲时会从家乡带来中国的唯一食材。一颗小小的梅干躺在用心煮好的米饭

秋 日 便 當

传统日式猪排饭
紫苏梅子茶泡饭
照烧牛肉便当
酥脆炸鸡排
甘悦十心桑

1. 在厨房里忙碌的店主人
2. 堆满多肉植物的角落

很小的屋子，却充满了温情的滋味

上，承载着海之彼岸的亲情。

秋日便当的菜单选择了这样一款普通而温馨的日式家常料理，同样包含着属于店主自己独一无二的记忆。他很沉默，却很体贴，他的秋日便当正有着如同一颗小小梅干的气质，平凡而精致，家常而温暖。

墙上书架里的整套《深夜食堂》无声地透露出老板开店的意愿，美食只是心的慰藉，在古城的一角安静地等候每一个需要倾诉或者聆听的旅人。

酒香不怕巷子深

秋日便当的位置有些偏僻，藏在广武路的深处，招牌也不起眼，深褐色木头屋檐下挂着的白色织布上随意地写着"秋日便当"四个字。

陈列食材的柜子

外墙和门窗都是木制的，墙上和地面有一些植物作为装饰，几张桌椅摆放在门口，一块小黑板上歪歪斜斜写着几种招牌产品，邻居家的小狗常在旁边玩耍。

附近在修路，显得秋日便当的外墙有些灰蒙蒙的，偶然路过的行人很难对它多加注意。特地找来的客人通常是团购了这里的炸鸡排，原本以为只是普通的小吃店，却出乎意料地发现了一家文艺腔十足的日式料理店，各种美食的精致程度令人惊喜。

秋日便当除了提供简单的日式家常料理外，还有自家酿制的美酒，玫瑰酿、梅子酿和桃花酿都有秘制配方。原本只是来吃炸鸡排的客人大部分都会陶醉在这份意料之外的发现中，被秋日便当的佳酿醉得忘乎所以——倒不是他家的酒醉人，而是此情此景的滋味，酒不醉人人自醉罢了。

有位客人这样评价："桃花酿最清冽，玫瑰酿最浓郁，梅子酿却是酸甜的。最爱玫瑰，不忍贪杯了，也不会醉，就像这小城的味道，不是矫情，而是真的简单得让我记住

门口的小木桌

了这个晴朗安逸的感觉。"

客人们一不小心就为这家小小的料理店倾倒了，成了熟客，不管多远，似乎闻着酒香就寻了过来，看看老板最近又添了什么新菜式，又收获了怎样的新故事。

基础款才是经典

吉井忍曾说，她介绍的每一道便当，所需准备的材料成本加起来大多不到人民币十元，当中付诸更多的，应该是做食物时的精力与心情。哪怕只是做最简单的"基础款"，也会去考虑细节，加些心思，一切就变得鲜活起来，充满了生命力。她觉得生活也是如此，最平凡的才是最幸福的。

秋日便当的室内设计很简单，店铺面积不大，只能摆放下几张桌椅，一些简单的画框和书籍不经意间已烘托出店铺清新、文艺的内涵。

这不是一家华丽、热闹的餐厅，但只要来过一次，就会在记忆深处留下不可磨灭的印象，也许是因为它平凡中的不凡，也许是因为它清雅如菊。

秋日便当提供的套餐都很家常，除了紫苏梅子茶泡饭，传统日式猪排饭、照烧牛肉便当都是最常见不过的便当。当然，最简单的是大名鼎鼎的猫饭，只需要新鲜米饭，优质酱油，随意撒上一点柴鱼干便足够令人心动。这些基础款的便当却都是经典家常美食，从中可以品味出店主细腻的内心与情感，如同《深夜食堂》里老板的话，"可能因为我自己也比较单细胞的缘故，所以更喜欢简单和直接的人"。

招牌紫苏梅子茶泡饭

一份普通的家常便当，如同我们大部分人普通的人生，食物背后投射的是生命的影子，平凡的人配平凡的食物，无须刻意精彩，却有着恬淡的幸福。

有一位做了一辈子菜的厨师曾经说过，许多人喜欢某种食物，与其说他们在乎的是味道，不如说，他们是在悼念某种回忆。

"若无闲事挂心头，便是人间好时节。"能够在生命里的一段旅程中，在古城的一个小巷里，找到这样一家让人心情放松、舒适宁静的家常小馆，吃着最清淡、最平凡的食物，回忆起某个人，或是某段日子，那便是人生中最美妙的体验。

餐厅资讯

- 地　　址：大理市古城广武路48号
- 电　　话：18600215083
- 人均消费：40元
- 特色推荐：紫苏梅子茶泡饭、传统日式猪排饭、甘梅地瓜条、落英玫瑰饮

西安

1/2创意空间——钢铁文化创意餐厅

花里——花里花香满庭芳

先生的院子3507——停驻的沙时计

烛影拾光——15楼的烛影晃动了时光

Need Coffee艺术餐厅——打翻莫奈的调色盘

雀笙Queen Sir——波普皇后的午餐

亚洲吃面公司——油泼面，洋气到没朋友

1/2创意空间
——钢铁文化创意餐厅

老钢厂的时代距离我们很远，纵使蒸汽和钢铁的岁月不再，可那些年代的只言片语也依然留在空旷的厂房里。西安的一所大学校园里，有这样一个饱含情怀的餐厅，在钢铁坚硬的外表下，怀揣一颗怀旧的心。高大的厂房、鲜艳的壁画，为过去的漫长岁月注入年轻血液，披上充满创意元素的外衣。1/2的创意空间，一半是过去，一半是当下。

餐厅特色

◎ 老钢厂文化主题
◎ 有艺术空间的概念餐厅

前世的蒸汽记忆

在西安建筑科技大学华清学院里，有一个颇为文艺的老钢厂文化创业园。这个老钢厂建立于20世纪50年代末，后来不断发展壮大成为一家大型特种钢企业。虽然现在看来这里寂静得有些荒凉，但其背后却是一段充满热浪与氤氲水汽、光荣与辉煌的工业史。

充满了钢铁文化记忆的1/2创意空间就在老钢厂内，也是由一处曾经的厂房改造而来。餐厅里随处可见过去留下的痕迹。走进去，一眼就看到墙上的大幅钢铁工人作业壁画，壁画占据了餐厅最里面的高墙，画着钢铁工人汗流浃背的样子，仿佛突然就回到数十年前工人们挥汗如雨，为钢铁事业奉献青春风华的时候。

餐厅里留着厂房大梁结构的屋顶，虽然简陋但很有意义，粉刷过的砖墙也难掩时光印记，只需要稍稍留意，细心的人就能在这里找出属于过去的细枝末节。

这是1/2创意空间里属于过去的那一部分，钢铁文化作为主题，地点也是在这老钢厂里，是对过去的致敬和怀念。

充满意境的照片墙

蒸汽时代的壁画

1 | 2　　1. 钢铁的意志
　　　　2. 沙中多肉植物和钢铁文化的齿轮

如今的Loft新派餐厅

　　餐厅入口处设计得很别致，有着爬满植物的火车隧道、斑驳的铁轨，尽头是时空旅行的终点。因为举架高大，所以通往二层的黑色铁质楼梯显得很长，下楼时俯视装饰着吧台的齿轮、管道和量表，让人仿佛走入轮船的底舱，满是伴随着蒸汽和食物的味道。

　　正是因为有这样的挑高，所以落地窗完全是Max级别，光像薄纱一样飘落在长桌的沙堆上，忽然有一种沙漠绿洲的错觉。

　　吧台像是被横切的火车一样，一些叫不出名字的计量泵、量表，还有齿轮和管道参差排列其间。大厅中间放着一张可以容下几十个人的长桌子，中间铺了一层沙，沙里养着许多软萌的多肉植物。

　　管状吊灯的设计别具一格，也许是在表现钢铁淬火那一瞬间产生的光芒。餐厅里有很多的齿轮，让人觉得时时刻刻是在一个巨大的钢铁怪物腹中，如同梦工厂的动画电影一般。

　　这钢铁年代的情怀并不太久远，但神秘且热烈，用Loft元素重新演绎之后，变化了模样。冰冷的钢铁、炽热的蒸汽，黄昏时分满满拉长的光影穿过落地窗，复古的美式海报，刷着白漆的砖墙，浓墨重彩地描述着复古的同时，也不忘点染一笔来自当代的艺术感。

　　1/2创意空间是复合餐厅，日料中的乌冬面、三文鱼拼盘，韩国风味的部队汤，欧美的牛排、三明治等料理都十分精致，口感方面难得细腻贴心。

　　"1/2"是一半一半的意思，因而也留下了无数可能性，一边怀旧，一边创新，大

$\dfrac{1}{2}$　1. 齿轮转动的年代
　　2. 钢铁与生命

约就是对这一半一半的诠释，是餐厅，也是创意空间。在有着年代感的壁画和坚硬的齿轮中，年轻人仿佛以此向过去打声招呼，从而去触碰那曾经的钢铁意志。

餐厅资讯

- 地　　址：西安市新城区华清学院内老钢厂创意设计产业园
　　　　　（老钢厂2号楼）
- 电　　话：18523090072
- 人均消费：70元
- 特色推荐：乌冬面、三文鱼拼盘、部队汤花里是一家格外浪漫的餐厅，如同徐志摩的诗一般，娴静恬淡，有细雨一般的气质，像雨中缓缓走来的仙子，湿发微卷，白衣翩跹。因为这样极高的颜值，花里在古城颇有人气，将现代主义的浪漫情怀如艺术品一般摆放在餐桌上，让城市里的人也可享受花间林中的美妙用餐体验。

花里
——花里花香满庭芳

餐厅特色

◎ 西安最"仙"餐厅
◎ 自然元素贯穿于细微之处

花里芬芳

只看到名字，便觉得花里像是一家日料，或是古风浓浓的中国餐馆。其实它属于复合餐厅，不论粤菜还是法餐，都非常具有"花里"的精致风格。

花里的风格很简单，只有一个字，那就是"仙"。像一位不染凡尘的少女，长发如墨，肤色胜雪。名中的"花"字，在花里却没有百花齐放、竞相争艳的喧闹感，而是像清香娇小的茉莉、风中柔软皎白的海棠，或是玻璃瓶中高贵的郁金香，静美无双。

花里风格清新优雅，在重金属、杂货风、复古腔调渐渐普遍的时候，就像一阵清风，忽而吹过，仿佛盛夏午后的一杯柠檬薄荷气泡水般沁人心脾。花里注重自然气息，绿植腔调的自然意味和东方软装风格典雅的美感恰如其分。餐厅室内主要是纯白格调，餐桌、餐椅都是很自然的原木色。吧台后的橱柜里存了些红酒，白瓷雕塑在绿植中好像森林里探出头的小动物，灯光下大束红玫瑰盛开，香气浓郁，娇艳欲滴。货架上的红酒被细心地标注了口感，明信片和工艺小物也别具一格。

吧台上方的自然风

自西安的工业风餐厅走红之后，很少可见这样轻盈精巧的设计。明亮的大厅有适合朋友聚餐的散座，也有适合一个人享受晚餐的吧台式高桌椅，角落里有适合私密约会的柔软沙发和木桌。在花里，可感受到很多清新的自然元素，棉花的插花摆件古朴纯真，夹在玻璃中的森林角落甚至有鸟儿的爱巢、林中小鹿的雕塑，整个餐厅的室内布景很有北欧雪中森林的感觉。

花里餐厅另有一个露天的小院，室外部分的"仙"字被诠释得淋漓尽致。被白色帷幔包裹着的餐桌美如画，随着初夏向晚时分的风吹起，帷幔轻轻飘动，在这样的地方用餐就像电影的慢镜头一样诗意。

花里庭院里铺着白色碎石，为整个场景平添了几分精致细腻。路灯的灯光柔和迷人，院落中的茉莉花在微风下摇曳。餐桌上精致可口的菜肴，使这个画面唯美又温馨，让人情不自禁地沉溺其中，不舍得离去。

花里食色

秘制叉烧皇，喜爱甜口的食客绝对不能错过。腌渍后的肉块经过烤制却不干枯，反

日式庭院，和风雅致

而增添了厚重的口感。麦芽糖的香气一点点渗入，入口有弹性而不柴韧，鲜红晶莹，软嫩甜香。桂花瓣随意地丢撒，桂花甜香中和了叉烧肉的油腻，既有粤菜的精致，又有西餐的美感。

川府椒麻牛肉是花里一道重口味的川菜，虽然和花里梦幻唯美的风格有些反差，但也不妨碍它成为招牌菜。当泼辣重口的川菜被盛在法式餐碟中，似乎又有了一些不一样的风情。麻辣适中的牛肉，嫩滑无双，引人食指大动。

奇妙虾球皮酥肉嫩，炸至金黄，带着新鲜的口感，一出现就成为餐桌上的宠儿。生菜切成细丝，盘成一小窝，配上精选沙拉酱，将炸虾摆放其间，外观和味道变得丰富起来。木制餐盘，一朵西兰花、一块玉米和几颗小小的圣女果，三种颜色的摆盘充满自然气息，看起来食欲满满，健康又美味。软滑的沙拉，酥脆的炸虾，清爽生菜一同入口，幸福感油然而生。

茄汁黄豆焗排骨不同于传统烧排骨的做法，换成了西式焗的烹饪方法，别有一番风味。黄豆的豆香在酸甜茄汁中被一层层掀起，排骨肥瘦相宜，荷兰豆翠绿可爱，这道菜不但味道惹人喜欢，卖相也是一流。

"无丝竹之乱耳，无案牍之劳形。"在花里用餐似乎能体会到一些文人雅士的风

令人放松舒适的环境氛围

1	2
3	4

1. 花里精酿
2. 可爱的苹果派
3. 深井烧鹅，小而精致
4 牛肉，甜口肉食主义者的最爱

骨，不见奢华排场，只有内敛的温润如玉，不见玉盘珍馐，却能体会到食之乐趣。

在花里，你离海很远，但你离古城的晚风很近；你离沙滩棕榈很远，但你离唯美的庭院很近；你离悠长假期很远，但你离真正的休憩却很近。花开花里，华庭芳华，愿有一日，也得以成为你的日常茶饭。

餐厅资讯

- ■ 地　　址：西安市高新区沣惠南路与昆明路十字交叉口向南100米，金辉国际广场悠熙地一楼
- ■ 电　　话：029-84113380
- ■ 人均消费：90元
- ■ 特色推荐：秘制叉烧皇、川府椒麻牛肉、奇妙虾球、茄汁黄豆焗排骨

西安西郊的这个院子很低调，却有着不容小觑的历史。它曾经有过一段辉煌岁月，见证了古城的一段光荣。虽然这样的老厂房建筑在西安有很多，但真正有迹可循的，只有这个即将消失的先生的院子3507。先生的院子3507修旧如旧，与其说是餐厅，不如说更像是一个记录光阴的故园。时光从不曾逆转，就像先生的院子3507里那个不再流沙的沙时计。

餐厅特色

◎ 军用厂房改建
◎ 军用工业风装修
◎ 艺术交流空间

院子的前世今生

3507是中国人民解放军第3507军工厂，位于西安西郊一条老街上，先生的院子3507对面，是3507家属院，里面还生活着那些曾经在军工厂里工作过的工人，在这里还能看到头发花白的老人穿行于窄窄的老街旧巷子。时光仿佛停在那个年代，过去的影像如同一盏昏黄的路灯，照着往日情怀不曾改变。

这个院子是被摄影师崔先生保留下来的，这里曾经是3507厂房的澡堂。现在，它不但是个裸露红砖砌成的餐厅，也是一个艺术空间。院子很大，厂房很宽敞，即便承接艺术交流活动，在空间方面也还有很多余裕。

近年来，工业Loft风像一场风暴席卷古城，但先生的院子3507并非刻意在营造古老的气氛，因为这个大梁结构的厂房本就已足够陈旧。先生的院子3507秉着修旧如旧的概念设计了这间餐厅，但其实并没有做太多的改动，甚至还在室内留出一块得以让小树

先生的院子3507

伸展成长的空间，一切布景和陈设都很尊重时间，并且保留了时间留下的痕迹。

墙面保留了原本的凿刻，偶尔还能见到斑驳残破的地方，颜色剥落，砖块遗缺，露出木质结构的房屋框架。餐厅未曾对此加以修补，只是把红酒存放在木架上，似乎是在郑重纪念这拥有破碎美感的餐厅一角。虽然厂房空间高，但是先生的院子3507也只有一层，拐角处的木楼梯只通往酒窖。三角钢琴摆在空旷的大厅里静默着，弹奏起来，连音律也显得很孤独。

大厅里纱质窗幔慵懒优雅，哥特风格的玻璃灯带着点文艺复兴的腔调，一闪一闪，暖暖的，像夏夜的萤火虫。

夜色染着霜和雾，先生的院子3507显得冷艳而端庄，又带有些许的神秘。老式的缝纫机已然不再吱呀吱呀作响，摆在吧台作为一件艺术品而被时间洗练出了一种陈旧的美感。

室外餐位

厂房内空间很大，用餐一点儿都不会觉得拥挤

室内的驻唱歌手用带有些许沙哑的嗓音在唱歌。大壁炉里的炭火烧得正旺，烧去了料峭春寒，瑟瑟秋风，还有冬月的一场大雪。围坐于长桌，餐具器皿都有法式的精致，红酒杯轻轻碰撞出好听的声音，音乐安静舒缓。这时候也无须刻意追求美食，只要随意点几个中式小菜或一份西式料理，身临其中便是一种享受。

院子里的轻奢美食

浓香培根芦笋卷，芦笋饱满地吸收了培根香气，浓香培根肥瘦均匀，焦嫩适中，荤与素的华丽相遇，给味觉留下了深刻印象。

芥末麦片基围虾，基围虾的鲜香与麦片淳朴的味道融合，芥末却霸道地占据了舌尖的所有触感。直到芥末的味道褪去，虾肉味才缓缓浮现。这奇怪的搭配像一场化学反应，意外得十分讨喜。

老街的老厂房里灯光昏黄，窗外的世界仿佛在一个世纪之外，推杯换盏、觥筹交

宫廷水晶吊灯

错的时候，也被这一方陈旧天地染上些多年前的情怀。一个人的时候，在先生的院子3507里等待晚餐，细细品味院子里、老墙上留下的那些时光印记，也是颇为有趣。为自己点一份番茄牛腩煲，温暖砂锅里，酸甜爽口的牛腩煮得软香可口，与喷香晶莹的米饭正好相配。如还未尽兴，先生炒饭内容丰富，搭配一份自酿的啤酒，尽管是一个人的晚餐，也定要精致如此，才不会辜负生活美意。

餐厅资讯

- 地　　址：西安市雁塔区昆明池路1号
- 电　　话：029-88883507
- 人均消费：120元
- 特色推荐：浓香培根芦笋卷、芥末麦片基围虾

烛影拾光
——15楼的烛影晃动了时光

烛影拾光这样诗意的名字，不像一家餐厅，但它确实是一家优雅精致的中国餐馆。夜晚，在城南曲江的写字楼里，唯独15层的窗户亮得像微微摇晃在天边的烛火，也像一盏飘在风中的灯笼。15层的城市夜景，餐桌前一份热腾腾的美食，这一家藏在高处的餐厅纵使难寻，却也总是座无虚席。

餐厅特色

◎ 15楼的高空夜景晚餐
◎ 美式清新文艺风格

美如诗画的高空餐厅

烛影拾光，名字极美，餐厅也是极美的。传统餐厅大概有两类，一类主要彰显环境，一类主要侧重口味。偏重于环境的，菜品一般会差强人意，即便用了昂贵的食材也难免徒有虚名。另一种偏重于口味的，往往在餐厅的氛围、陈设方面难以两全。有时餐厅的环境同菜品一样重要，可很难两全其美。但烛影拾光颜值上是高分，味道也令人赞不绝口，是真正的"明明可以靠脸吃饭，却偏要靠才华"。

其实烛影拾光所在的写字楼并不在繁华街区，却因为有了烛影拾光而在曲江有了些许名气。

走进餐厅，别致的风格即让人耳目一新。餐厅里悬挂着许多星星，让人瞬间想到了那部充满了法兰西式梦幻风情、星光璀璨的童话电影《小王子》。木质的窗桌让人觉得格外踏实、温馨，玻璃上写着"生活不止眼前的苟且，还有诗和远方"。美式的浅绿色复古橱柜上，白瓷蓝花的瓷瓶秀雅清丽，瓶里摆放着一簇樱花。红色电话亭带点英伦风

15楼的奢侈夜景

的浪漫，浅棕色的窗帘静静垂着，犹如棕发的田野少女。

自由惬意的饕餮时光

终于落座，菜单上菜品并不多，如果约上三五好友一起，也许可以遍尝菜单上的美食。但也因为菜品少，所以才格外精心，每道菜都饱含着诚意和灵性。

招牌特色牛三斤，像是陕西水盆牛肉的吃法。大块的牛肉被炖至软烂，汤汁的滋味完全渗入，牛肉纹理清晰，松烂鲜香，牛筋透明有嚼劲，弹牙爽滑，火候俨然恰到好处。

暹罗虾，肉质干净鲜嫩，摆在粗陶罐的罐口一圈，像朵盛开的花朵一般。虾线早已提出，独家研磨的料汁，配以青柠，新鲜十足，清新有余。

不一样的三文鱼，有着三文鱼特有的软嫩口感，沙拉酱点缀其中，搭配苹果的酸甜，仿佛来自芬兰海边森林的味道。

亮闪闪的大厅

1. 吧台上方的灯
2. 木制楼梯

1 | 2　　1. 一边是浓郁的绿，一边是香辣的红
　　　　2. 芝士与肉丁的香浓诱惑

炭烤沙巴鱼，搭配新鲜蔬菜，鱼肉嫩香无刺，黑胡椒的味道完全渗入鱼肉中，待到黑胡椒的辣味散去，口中仅剩鱼肉的绵长余香。

茴香土豆筋，茴香味并不很重，但芝麻味却香浓，搭配的蘸酱更好吃，咸香味，红油飘飘，颜色极讨人喜欢。

贾宝玉，名字虽然引人遐想，却是简单的饭后甜品冰糖蒸梨。梨肉已蒸得透烂了，甜滋滋的小蜜枣味浸入银耳。莲子和枸杞配色极好看，也是一道色味兼具的好菜。

这里时时有歌手驻唱，烛光熹微，烛影摇曳，歌声慵懒缠绵。景观位饱览整个大唐不夜城的夜景，窗外可见身边鳞次栉比的高楼。入夜后，高楼灯光慢慢尽数昏暗下去，唯有烛影拾光的小窗，如星光般闪烁。

餐厅资讯

■ 地　　址：西安市雁塔区雁南三路与庙坡头路十字东南角钻
石半岛西单元15楼

■ 电　　话：029-89662727

■ 人均消费：103元

■ 特色推荐：牛三斤、暹罗虾、不一样的三文鱼、炭烤沙巴
鱼、茴香土豆筋

Need Coffee艺术餐厅
——打翻莫奈的调色盘

这座城市中有一家餐厅，色彩之斑斓如同莫奈的《睡莲》，画里的风景恍惚如雾，晨昏不辨，餐厅的格调华丽梦幻，浓墨淡彩总相宜。

这是一家享受下午茶和咖啡也很舒服的餐厅，用餐时间享受正餐，非用餐时间也可以尽情将大把时光用来浪费。在繁华城市里，这间安静的餐厅犹如孤岛。窗外已经华灯初上，Need Coffee里昏黄的灯光下却丝毫不显嘈杂，反而寂静温暖，这里有吉他忧伤的演奏，也有贝司沉稳的拨弦。

餐厅特色

◎ 新颖下沉式餐桌
◎ 多种风格混搭

梦幻风格餐厅

西安高新区这栋美轮美奂的粉色建筑，是古城当仁不让的美丽餐厅。虽然名字叫作Need Coffee，实则是一家艺术餐厅。Need Coffee的意思大概是Need Coffee Time，即需要一段娴静、舒适、优雅、温暖的时光。

餐厅里浓浓的欧洲宫廷巴洛克奢华风混搭Loft工业风，有着彩绘玻璃窗，哥特的铁艺造型蜡烛吊灯，华丽如女王的餐椅。鹿角壁挂灯点缀在砖墙之上，当暖黄的灯光亮起，仿佛森林中的小鹿和萤火虫一起探出头来。而巨大的砖墙壁画，画着皮肤白皙、裸露香肩的少女，少女衣衫鲜艳得如同三月的春野，半合眼眸若有所思，和这家餐厅一样梦幻唯美。

幽暗走廊的尽头，波普风的角落里，颜色大胆的沙发，复古矮几，一整个墙面的旧式挂表。木制方格书架伫立在旁，绿色小植物藏在书架中，精美的水晶吊顶垂下摇曳光影，所有细节都像画中一样细腻柔美，整个餐厅像是为镜头蒙上了柔光滤镜。

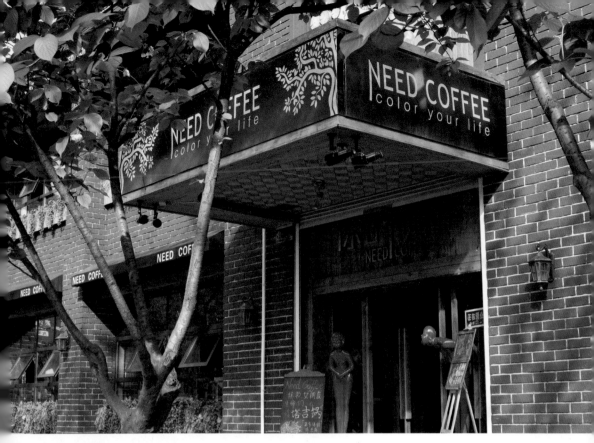

漂亮的粉色房子

每一组餐桌椅的风格都不尽相同。美式田园风是用涂鸦豹纹或画着星条旗的木箱子做餐几；欧式古堡风的沙发餐椅更像是从卢浮宫的油画中来，白色皮质的黑蕾丝花纹座椅，杜嘉班纳高级定制格调的黑色图纹，女王宝座般的红丝绒镶金雕塑沙发，极尽宫廷的浪漫华美；特有的日系下沉式餐桌非常别致，临着玻璃窗，窗外的绿意和阳光仿佛触手可及。

梦幻美食主义

这里以西餐为主，也兼做日韩料理。但不论在这样的餐厅吃什么，都是完全的享受。Need Coffee并未忘记餐厅的本质，除了环境，也让大家可以享受到美食带来的愉悦。

勺子比萨，要用勺子挖着吃，因为是用土豆泥做的饼底。上桌时，只见到满满一盘芝士，勺子里鲜艳脆口的时蔬混合奶酪黏稠的口感和土豆泥的粉香软糯，不仅好看，味道也非常棒。

1. 宫廷风之美
2. 精致优美的空间

和式茶座

　　首尔啤酒炸鸡，鸡肉裹上面糊和面包糠，炸至金黄酥脆，恰到好处，少一分则欠，多一分则煳。鸡肉咸香饱满，丝丝入味，搭配番茄酱，便是慵懒时光里最好的小食。初雪的时候，炸鸡和啤酒是绝配，但就算没有初雪，啤酒炸鸡也一样有浪漫滋味。

　　凯撒沙拉是一道非常清新的菜，虽然分量不大，但内容十分丰富。香喷喷的炸面包，时蔬水果都很新鲜，金枪鱼独特的沙质口感。来自海洋的鱼肉香味混合田园里的蔬菜水果，五谷烤制的面包油亮有光泽，健康又丰盛。

　　这里的咖啡也是用心之作，精选咖啡豆和新西兰天然牛奶调配出一杯浓香拿铁，在下午茶时分和蓝莓芝士蛋糕一起品味，就是Need Coffee所要表达的Color Your Life。

餐厅资讯

- 地　　址：西安市雁塔区高新二路光德路5号
- 电　　话：029-88310666
- 人均消费：70元
- 特色推荐：勺子比萨、首尔啤酒炸鸡、凯撒沙拉

雀笙Queen Sir

——波普皇后的午餐

"雀鸣老城外，笙歌半梦间"。西安老城的路边儿上，有这么一栋小洋楼斑斓醒目，虽然满眼的华丽浪漫，食物却是地道的川辣味儿。雀笙这一抹浓妆太适合古城慵懒的夜晚，口味却也正配西北人粗犷爽朗的性格，既不沉闷，也不彰显锋芒。安静时，就是老城里的一栋洋楼；热闹时，就是古城喧嚣的夜色。

餐厅特色

◎ 夸张的波普风格

◎ 有理念的创意菜

◎ 独具特色的川辣口味

有雀鸣声，声声高亢

雀笙这个名字很文艺，在老街里一栋三层洋楼，同它的名字一样，充满洛可可式的浓郁华丽风，犹如女王的餐厅。

雀笙像是一个来自抽象派油画里的建筑，却在欧式古堡风情里藏有一丝中式的感觉，推开门走进去，则充满了艳丽波普元素，似乎随时就会有一个身披火烈鸟羽毛、金色皮肤、双腿修长的女王款走出来。

这里有着斑马纹椅子和拼色木制餐桌，楼梯拐角处挂着情人锁，玫红色洗手间的墙上摆满了如同来自路易十四卢浮宫中的镜子，仿佛《白雪公主》里那个邪恶皇后寝殿的盥洗室。整个雀笙满满的欧式复古风，然而在灰墙红砖和吊灯下，却也能嗅到一丝后工业革命时代的意味。

餐桌上的小立牌和门前的白色海报上，简简单单写着"很高兴认识你"。

大厅一角

人间有味，不是清欢

　　这个有着皇后范儿的餐厅，菜品具备独立的腔调，细节也经得起推敲，让人能够感受到它的诚意。虽然是一家复合餐厅，但以川菜为主打。

　　招牌菜"猫猫吃的鱼"，几乎每个餐桌上都有一份。这道菜有这样可爱无害的名字，却也难以掩盖水煮鱼的麻和辣，新鲜的鱼肉埋藏在红油和花椒之下，花椒分量很足，以至于上桌时只看得到密密麻麻的花椒。轻轻用筷子拨开花椒的海洋，晶莹嫩白的鱼肉便跃入视线，鱼肉片得很好，鲜香浓郁，爽滑可口，这是猫猫吃的鱼，也是重口味的人生里一道难忘的鱼。

　　双椒鸡捞面是一道常见的川菜，难得雀笙的双椒鸡捞面有特色又不失传统。面并非绵软无力，反而很有嚼劲，鸡肉脆香不腻，配菜也点缀得恰到好处。

　　这里除了川菜的泼辣，也有其他精致之作。日式照烧培根卷，偏甜的烧汁肉是肉食

1. 颜色鲜艳的大厅
2. 精美壁画
3. 可爱温馨小绿植

1 | 2 | 3　　1. 烧茄子很入味
　　　　　2. 猫猫吃的鱼，很麻辣，很够味
　　　　　3. 炒汤圆，特色又好吃

一族的心头挚爱。酱红的肉和翡翠般的青菜，颜色是满满的雀笙范儿，鲜艳大胆，华美无双。

　　冰镇芥蓝是一道很有趣的菜，白色的瓷钵中放满了冰块，翠绿芥蓝犹如沐浴出水的山间精灵。白与绿这样寡淡的颜色在雀笙很少见，但味道并不寡淡，蘸一点酱汁，便是细腻的日料味道。

　　夜色笼罩时，雀笙蓝色的灯光染出一点意境与迷蒙，景观座可见玻璃窗外一片灯火阑珊，餐厅里俨然红尘世界。

 餐厅资讯

- 地　　址：西安市碑林区五味十字与南广济街交叉口向南100米路东
- 电　　话：029-87266566
- 人均消费：80元
- 特色推荐：猫猫吃的鱼、双椒鸡捞面、日式照烧培根卷、冰镇芥蓝

亚洲吃面公司

——油泼面，洋气到没朋友

西安人都是地道的面食主义者，无面不欢。在西安怎么能不吃面？如果你追求情怀，讲文艺，不愿挤在街头小馆里，也不甘心去有环境没味道的酒店吃一碗没滋没味的面。你要一筷子夹起地道喷香的油泼面，也要去有气氛、有范儿的颜值爆表的餐馆。讲究如你，唯有洋气到没朋友的亚洲吃面公司能够满足你的所有的愿望。

餐厅特色

◎ 豪华的吃面体验
◎ 炫酷的餐厅风格

吃面是正经事

亚洲吃面公司，这个名字读起来就别具一格，它的老板是一群服装设计师，是走在时尚界最前端的年轻人，却无可救药地爱上了料理，爱上了厨房，就开了这么一家原宿风混搭Hi-pop的餐馆。最初在回民街里只有十平方米的小店，因为备受欢迎，被文艺青年高调追捧，如今在城根下开了分店，这腔调在西安简直独一无二。

亚洲吃面公司就风格而言，与日式拉面最为接近。虽然餐厅名字起得霸气，但餐厅却认认真真地卖西安人最喜欢的油泼面。

这栋全部刷黑的建筑里，充满了设计师们的灵感创作。一切看起来都很随意，没有章法，却又恰到好处，这感觉像是走进香港的潮牌衣帽店。店里摆放的小物件，让人感觉是闲逛东京街头的暗黑系二次元手办小屋。而黑色的主调和美漫暴力美学元素，却又有种美国街头篮球和漫威公司的超级英雄电影的即视感。

面馆虽然风格狂傲，处处写着面馆无双的字眼，尤其是"无双"这两个字写得嚣张

不同元素的碰撞

有风骨，但是设计师老板们对食物却是格外的认真细致。开放的厨房，新鲜空运而来的鱼蛋，都是对食客们的责任感。在亚洲吃面公司，呈上餐桌的不只是一碗面而已，更是设计师厨师们的颜面。

中西混搭的美味

无双豪华油泼面，是亚洲吃面公司的招牌。用料上丰富大胆，添加了卤蛋、大虾、鱼蛋、新鲜时蔬，汤汁浓郁，是陕西普通油泼面的升级版，也是当之无愧的豪华版油泼面。

牛大福，讨人喜欢的牛杂煲，辣椒和香菜调色，口感浓郁，加白面入汤里炖煮，煮出的面条筋道弹牙，牛肚、牛腩、牛百叶在砂锅中炖得恰到好处，既不软烂也不生硬。只要一份牛大福和面条，几个朋友就能吃得很痛快。

坏男孩汉堡，当下热门的美式大汉堡，用锡纸包裹起来，一切为二，分量十足。看

新城

新

城

design food

心 集团

大厅设计也是别具一格

1 | 2　　1. 霸气的中西混搭风格
　　　　2. 面食主义新据点

得到全麦汉堡里诱人的芝士、大块牛肉饼、腌渍黄瓜、煎蛋、紫甘蓝和生菜，尝得出地道美式乡村风情。

猪肚鸡，猪肚和鸡肉一起在砂锅中用小火慢慢煮，吃得出鸡肉的鲜嫩，也吃得出猪肚的肥美。猪肚鸡本是粤菜，可亚洲吃面公司里地道的面食师傅做起来也都像模像样。鸡汤的味道浓郁香甜，白蘑菇和萝卜清新爽口，汤汁呈金黄，绿色的蔬菜格外提色。融入胡椒味道的猪肚鸡有点西式味道，这种中西相融的味觉体验非常新奇，因此在店里也颇受欢迎。

亚洲吃面公司很年轻，风格也嬉皮混搭，但年轻的老板们却严谨认真。这是种不爱浮夸、内敛朴素的饮食文化。人间有味，雅俗不再那么重要，美食给你踏踏实实的享受才最真实可靠。

餐厅资讯

- 地　　址：西安市碑林区湘子庙街19号德福巷南口
- 电　　话：029-87211887
- 人均消费：50元
- 特色推荐：无双豪华油泼面、牛大福、坏男孩汉堡、猪肚鸡